TOP 30 Greatest Speeches in Britain

영국식 영어발음, 청취력 강화 +
IELTS 리스닝 & 스피킹 완벽대비

영국 명연설문 베스트 30

저 자 강홍식
발행인 고본화
발 행 탑메이드북
교재 제작·공급처 반석출판사
2023년 3월 15일 초판 5쇄 인쇄
2023년 3월 20일 초판 5쇄 발행
반석출판사 www.bansok.co.kr
이메일 bansok@bansok.co.kr
블로그 blog.naver.com/bansokbooks

07547 서울시 강서구 양천로 583. B동 1007호
(서울시 강서구 염창동 240-21번지 우림블루나인 비즈니스센터 B동 1007호)
대표전화 02) 2093-3399 **팩 스** 02) 2093-3393
출 판 부 02) 2093-3395 **영업부** 02) 2093-3396
등록번호 제315-2008-000033호

Copyright ⓒ 강홍식

ISBN 978-89-7172-711-9 (13740)

- 본 책은 반석출판사에서 제작, 배포하고 있습니다.
- 교재 관련 문의 : bansok@bansok.co.kr을 이용해 주시기 바랍니다.
- 이 책에 게재된 내용의 일부 또는 전체를 무단으로 복제 및 발췌하는 것을 금합니다.
- 파본 및 잘못된 제품은 구입처에서 교환해 드립니다.

TOP 30 Greatest Speeches in Britain

머리말

지금까지 미국 명연설문을 다룬 책들은 많이 출간되었지만 영국 명연설문을, 좀 더 정확히 얘기하자면 미국 영어에 비해 영어 사용자 수(국가)에서 압도적 우위를 점하고 있는 영국 영어를 대표하는 영국 명연설문을 다룬 책은 이번이 처음인 것으로 알고 있다. 가히 글로벌 영어라 말할 수 있는 영국 영어에 대한 국내 수요(IELTS 등)가 점점 늘어나고 있는 상황에서 때마침 출판사의 제안을 받고 내심 몹시 반겼었다. 언젠가는 나올 것이고 누군가 해야 하는 영국 명연설문 베스트를 집필할 기회를 갖게 되었으니, 필자에게는 대단한 영광이자 보람을 느낄 수 있는 프로젝트였다.

기본적인 원고 콘셉트를 듣고, 영국 영어 명연설문의 연설가들을 선정하는 데 근 한 달이 걸렸다. 영국을 대표하는 세계적인 명연설가 윈스턴 처칠, 마거릿 대처, 토니 블레어를 비롯해서 영국 영어를 구사하는 세계적인 명연설가 넬슨 만델라, 아웅산 수지 등이 등장한다. 그리고 최근의 전·현직 영국 총리들과 각료들의 명연설을 담아, 책의 구성과 내용 면에서 만전을 기하려고 노력하였다.

또한 명연설가들의 오리지널 육성의 다양성을 보여 주기 위해 반세기 전에 녹음된 육성들과 최근 연설문, 영국 태생은 아니지만 최고급 영국 영어를 구사하는 명사들, 대표적인 여성 명연설가들의 연설을 다루었으니 이 책에서 다룬 30편을 달달 외우다시피 한다면 영어 실력이 자기도 모르는 사이에 눈에 띄게 향상될 것이다.

필자는 그동안 다수의 명연설문들을 집필해 봤지만 왠지 이번에 맡게 된『영국 명연설문 베스트 30』만큼은 늘 곁에 두고 싶고, 집안의 가보처럼 고이 간직하고 싶다. 집필하면서 '와! 이렇게 멋있는 문장도 있구나, 이렇게 공들여 문장을 다듬었구나.' 하는 구간들을 수백 군데에서 발견하고 그때마다, 그 명문장들을 머릿속에 입력하려고 노력했으니 말이다.

영어 책을 수십여 권 집필한 경력 때문에 영어학도들로부터 '어떻게 하면 영어를 유창하게 구사할 수 있느냐?'라는 질문을 자주 받고 있는데 대답은 간단하다. 『미국 명연설문 베스트 50』과 『영국 명연설문 베스트 30』의 내용을 음미하고, 구문을 이해해 가면서 외우고 따라 하다 보면, 영작, 회화, 독해, 발음 등에서 수준급 영어를 구사할 수 있다고 자신 있게 조언한다.

'나도 해 봐야지.'라고 말만 하거나 결심만 하지 말고, 결심을 행동으로 옮겨 여러분들이 그토록 소원하던 '유창한 영어 구사'라는 결실을 맺기를 진심으로 기원한다.

2013년, 폭염의 8월 어느 날
저자 **강 홍 식**

목차

영국 역사상 가장 위대했던 명연설문 30개를 선정해 번역과 해설, 주요 어휘를 정리한 책입니다. mp3파일을 들으면서 영문을 함께 읽어 나가면 수준 높은 명문을 감상할 수 있을 뿐 아니라 영어 실력도 동시에 향상시킬 수 있습니다.

SPEECH 01 David Cameron's Commons Tribute to Margaret Thatcher — 10
데이비드 캐머런의 하원에서의 마거릿 대처 조사(弔詞)
2013년 4월 10일, 영국 하원

SPEECH 02 Deputy Prime Minister Nick Clegg's Speech on Immigration — 26
닉 클레그 부총리의 이민 연설
2013년 3월 22일, 런던

SPEECH 03 UK Chancellor's Budget Speech 2013 — 36
영국 재무장관의 2013 예산 연설
2013년 3월 20일, 영국 하원

SPEECH 04 UK Prime Minister's 2013 Davos Forum Speech — 48
영국 총리의 2013 다보스 포럼 연설
2013년 1월 26일, 스위스 다보스

SPEECH 05 Aung San Suu Kyi's Nobel Peace Prize Speech — 56
아웅산 수지 여사의 노벨 평화상 수상 소감
2012년 6월 16일, 노르웨이 오슬로

SPEECH 06 Queen Elizabeth II's Christmas Message 2012 — 68
엘리자베스 2세의 2012 크리스마스 메시지
2012년 12월 25일, 유튜브 왕실채널

SPEECH 07 Foreign Secretary's Conservative Party Conference Speech — 78
외무장관의 보수당 의원총회 연설
2012년 10월 7일, 버밍엄

SPEECH 08 Ed Miliband's Speech to Labour Party Annual Conference — 86
에드 밀리밴드의 연례 노동당 의원총회 연설
2012년 10월 2일, 맨체스터

SPEECH 09 Nick Herbert's Speech on Criminal Justice Reform　　　　100
닉 허버트의 형사 사법 개혁 연설
2010년 6월 23일, 런던

SPEECH 10 David Cameron's First Speech as Prime Minister　　　　110
데이비드 캐머런의 총리 취임 연설
2010년 5월 11일, 다우닝가 10번지

SPEECH 11 Gordon Brown's Farewell Speech　　　　118
고든 브라운의 고별사
2010년 5월 11일, 다우닝가 10번지

SPEECH 12 Jacqui Smith's Speech to Labour Party Annual Conference　　　　126
재키 스미스의 연례 노동당 의원총회 연설
2008년 9월 21일, 맨체스터

SPEECH 13 J.K. Rowling's 2008 Harvard Commencement Speech　　　　132
J.K. 롤링의 2008년 하버드 졸업 연설
2008년 6월 5일, 하버드 대학

SPEECH 14 Tony Blair's Speech to Launch the Faith Foundation　　　　140
토니 블레어의 종교 재단 출범 연설
2008년 5월 30일, 토니 블레어 종교 재단 사무실

SPEECH 15 Tony Blair's London Bombing Speech　　　　152
토니 블레어의 런던 폭탄 테러 연설
2005년 7월 7일, 스코틀랜드 퍼스셔

SPEECH 16 Tony Blair's General Election Victory Speech　　　　158
토니 블레어의 총선 승리 소감
2005년 5월 6일, 다우닝가 10번지

SPEECH 17 Margaret Thatcher's Eulogy – Late Ronald Reagan   170
마거릿 대처의 고 레이건 대통령 조사(弔詞)
2004년 6월 11일, 워싱턴 대성당

SPEECH 18 Robin Cook's Resignation Speech   180
로빈 쿡의 사임 연설
2003년 3월 17일, 영국 하원

SPEECH 19 Queen Elizabeth II's Jubilee Speech   188
엘리자베스 2세의 즉위 50주년 기념 연설
2002년 5월 1일, 상하 양원

SPEECH 20 Kofi Annan's Nobel Peace Prize Speech   198
코피 아난의 노벨 평화상 수락 연설
2001년 12월 10일, 노르웨이 오슬로

SPEECH 21 Earl Spencer's Eulogy for Princess Diana   208
스펜서 백작의 다이애나 왕세자비에 대한 송덕문
1997년 9월 6일, 웨스트민스터 대성당

SPEECH 22 Nelson Mandela's Inaugural Address   220
넬슨 만델라의 대통령 취임 연설
1994년 5월 10일, 남아프리카공화국 프리토리아

SPEECH 23 Princess Diana's Speech on Depression   232
다이애나 왕세자비의 우울증에 대한 연설
1993년 6월 1일, Turning Point 회의

SPEECH 24 Nelson Mandela's Nobel Peace Prize Speech   246
넬슨 만델라의 노벨 평화상 수락 연설
1993년 12월 10일 노르웨이 오슬로

SPEECH 25 Margaret Thatcher's 1982 Falklands Invasion Speech   252
마거릿 대처의 1982년 포클랜드 제도 침공 규탄 연설
1982년 4월 3일, 영국 하원

SPEECH 26 The Lady's Not for Turning   260
이 사람은 돌아가지 않겠습니다
1980년 10월 10일, 브라이튼 보수당 전당대회

SPEECH 27 Margaret Thatcher's Remarks on Becoming Prime Minister 274
마거릿 대처의 총리 취임 연설
1979년 5월 4일, 다우닝가 10번지

SPEECH 28 Winston Churchill's Iron Curtain Speech 278
윈스턴 처칠의 철의 장막 연설
1946년 3월 5일, 미주리 주 웨스트민스터 칼리지

SPEECH 29 Winston Churchill's Blood, Toil, Tears and Sweat Speech 286
윈스턴 처칠의 피, 수고, 눈물, 땀 연설
1940년 5월 13일, 영국 하원

SPEECH 30 Edward VIII's Abdication Speech 294
에드워드 8세의 퇴위 연설
1936년 12월 11일, 윈저 궁전 내 라디오 방송

★부록★ 영국식 영어발음과 표현 바로 알기 303
1. 영국식 발음의 6대 특징(미국식 발음과 비교해서)
2. 영국 영어와 미국 영어의 차이
3. 영국식 발음과 영국식 영어 공부 관련 팁
4. IELTS 및 영국 명연설문에 자주 나오는 숙어
5. 미국 아나운서 발음규칙 52가지

★ 『영국 명연설문 베스트 30』의 음원은 현장감을 위해 실제 연사가 연설한 육성음을 추출한 것이므로 원본의 상태에 따라 음질이 고르지 못하거나 소리가 튀는 부분이 간혹 있습니다. 독자 여러분의 양해 부탁 드립니다.

David Cameron's Commons Tribute to Margaret Thatcher

데이비드 캐머런의 하원에서의 마거릿 대처 조사(弔詞)

2013년 4월 10일, 영국 하원

데이비드 캐머런(David Cameron)이 보수당 대변인, 보수당 요직을 거쳐, 보수당 당수, 영국 총리에까지 오른 데는 옥스퍼드 대학에서 최우수 등급 학위를 받고 졸업한 수재라는 것도 한몫했겠지만 뛰어난 말솜씨 또한 큰 역할을 했다고 생각한다. 데이비드 캐머런은 연설할 때 항상 자신감이 넘쳐 보이고, 한 시간 이상짜리 긴 연설을 할 때도 거의 대본 없이 말을 하고 있다는 인상을 준다. 그는 대처 총리의 열렬한 팬이라고 말해 왔으며 평소 존경하던 대처에 대한 조사에서 최고의 찬사를 보내며 그녀를 추모하고 있다.

 01-01

In the long history of this parliament, Margaret Thatcher was our first – and so far our only – woman prime minister. She won three elections in a row, serving this country for a longer continuous period than any prime minister for more than 150 years. She defined – and she overcame – the great challenges of her age and it is right that parliament has been recalled to mark our respect.

Mr. Speaker, it is also right that next Wednesday, Lady Thatcher's coffin will be draped with the flag that she loved. It will be placed on a gun carriage and taken to St Paul's Cathedral and members of all three services will line the route. This will be a fitting salute to a great prime minister.

Today, we in the House of Commons are here to pay our own tributes to an extraordinary leader – and an extraordinary woman. What she achieved – even before her three terms in office – was remarkable. Those of us who grew up when Margaret Thatcher was already in Downing Street can sometimes fail to appreciate the thickness of the glass ceiling that she broke through: from a grocer's shop in Grantham to the highest office in the land.

Check the Vocabulary

parliament 의회, 국회 | **in a row** 연속해서 | **coffin** 관 | **drape** 싸다, 덮다 | **gun carriage** 포차 | **fitting** 적절한, 어울리는 | **appreciate** 평가하다 | **glass ceiling** 유리 천장, 보이지 않는 차별

이 의회의 오랜 역사에 있어서 마거릿 대처는 우리의 최초이자 – 지금까지 우리의 유일한 여성 총리였습니다. 그녀는 세 번 연속 당선되어 150년 이상 동안의 어느 다른 총리보다도 더 길고 지속적인 기간 동안 이 나라에 봉사하셨습니다. 그녀는 자신의 시대의 거대한 도전들을 명확히 밝히고 극복하셨기 때문에 이 의회가 우리의 경의를 표하기 위해 소집된 것은 당연한 것입니다.

의장님, 다음 주 수요일 대처 여사의 관이 그녀가 사랑했던 국기에 덮이는 것 또한 당연한 겁니다. 그 관은 포차에 놓여 세인트폴 대성당으로 운구될 것이며 3부 요원들이 길에 줄을 설 것입니다. 이것은 위대한 총리의 격에 맞는 작별인사가 될 것입니다.

오늘 우리는 뛰어난 지도자였던 비범한 여성에게 우리의 경의를 표하기 위해 여기 하원에 모였습니다. 총리직을 세 차례 연임하기 전부터 그녀가 이룬 업적은 놀라웠습니다. 마거릿 대처 여사가 이미 총리로 재직 중이셨을 때 성장한 우리들은 때로 그녀가 깬 두꺼운 유리 천장을 평가하지 못할 수 있습니다: 그랜섬에 있는 식료품점 가게에서 영국 최고위직에 오른 그분의 피나는 노력을 말이죠.

Check the Vocabulary

highest office 최고위직

 01-02

At a time when it was difficult for a woman to become a member of parliament, almost inconceivable that one could lead the Conservative party and, by her own reckoning, virtually impossible that a woman could become prime minister – she did all three.

It is also right to remember that she spent her whole premiership – and indeed much of her life – under direct, personal threat from the IRA.

Margaret Thatcher was a woman of great contrasts.

She could be incredibly formidable in argument – yet wonderfully kind in private. In No 10 Downing Street today there are still people who worked with her as prime minister – and they talk of her fondly. One assistant tells of when she got drenched in a downpour on a trip to Cornwall and Margaret Thatcher personally made sure she was looked after and found her a set of dry clothes. Of course, she did always prefer dries to wets.

Check the Vocabulary

reckoning 셈, 계산 | **premiership** 총리직, 총리 임기 | **IRA (Irish Republican Army)** 아일랜드 공화국군(북아일랜드와 아일랜드 공화국의 통일을 위해 싸우는 비합법적 조직) | **fondly** 사랑스럽게

한 여성이 의원이 되기 어려웠고, 보수당을 이끌 수 있을 것이라고 거의 상상할 수 없었고, 총리가 된다는 것은 사실상 불가능하던 때에 그녀만의 생각으로 그녀는 이 세 가지를 모두 해냈습니다.

그녀가 총리로 재직했던 모든 기간을, 사실 그녀 인생의 대부분을 아일랜드 공화군에게 직접적·개인적으로 위협받으며 보낸 사실을 기억하는 것 또한 당연한 겁니다.

마거릿 대처는 양면성을 가진 여성이었습니다.

그녀는 논쟁에서는 굉장히 무서웠지만 사석에서는 놀랄 만큼 부드러웠습니다. 현재 10번가에는 그녀의 총리 시절 함께 근무했던 분들이 아직도 계신데 그분들은 마거릿 대처 여사에 대해 사랑스럽게 얘기합니다. 한 보좌관이 말하길 그녀가 콘월로 가던 중 호우를 만나 흠뻑 젖었을 때 대처 총리께서 개인적으로 자신을 보살펴 주려고 마른 옷들을 구해 주셨답니다. 물론 그녀는 늘 축축한 것보다는 건조한 것을 선호하셨죠.

Check the Vocabulary

drench 흠뻑 적시다 | **downpour** 폭우, 호우

 01-03

On another occasion one assistant had put in a hand-written note to Mrs. Thatcher, saying "Please can you re-sign this minute?" Unfortunately she had left off the hyphen, leaving a note that actually read "Please can you resign this minute?" to which the prime minister politely replied: "Thank you dear, but I would rather not."

Margaret Thatcher was faultlessly kind to her staff – and utterly devoted to her family. For more than 50 years Denis was always at her side, an invaluable confidant and friend. Of her he said this: "I have been married to one of the greatest women the world has ever produced. All I could produce – small as it may be – was love and loyalty."

We know just how important the support of her family and friends was to Margaret and I know that today everyone in this House will wish to send our most heartfelt condolences to her children, Carol and Mark, to her grandchildren and to her many, many loyal friends.

She was always incredibly kind to me – and it was a huge honour to welcome her to Downing Street shortly after I became prime minister – something that when I started working for her in 1988 I never dreamed I would do.

Check the Vocabulary

re-sign 다시 서명하다 | **resign** 사임하다 | **faultlessly** 흠없이, 완전무결하게 | **devote** 헌신하다 | **invaluable** 매우 소중한 | **confidant** 절친한 친구 | **loyalty** 충성 | **heartfelt** 진심 어린

또 다른 사례에서, 한 보좌관이 "이 메모에 다시 서명해 주시겠어요?"라고 쓰인 손글씨 메모를 대처 여사에게 건넨 일이 있었습니다. 안타깝게도 그녀는 하이픈을 빠뜨려 실제로는 "지금 당장 사임해 주시겠어요?"로 쓰인 메모를 건넸습니다. 이에 대해 대처 총리는 "고마워요, 하지만, 사임하고 싶지 않습니다."라고 정중하게 말했습니다.

대처 여사는 그녀의 직원들에게는 완벽할 정도로 친절했고, 그녀의 가족에게는 지극히 헌신적이었습니다. 50여 년 동안 데니스는 늘 그녀의 곁을 지켰으며, 매우 소중한 친구였습니다. 그녀에 대해 그는 "나는 세상이 지금까지 배출한 여성들 중에서 가장 위대한 여성 중 한 명과 결혼생활을 해 왔습니다. 내가 할 수 있는 것이라곤 – 작은 것일 수 있지만 – 사랑과 충성이었습니다."라고 말했습니다.

우리는 그녀 가족과 친구들의 지원이 얼마나 중요했는지 알고 있고, 저는 오늘 이 하원에 모인 모든 사람들이 우리의 깊은 애도를 그녀의 자녀들인 캐롤과 마크, 그녀의 손자, 손녀 그리고 그녀의 많은 충성스러운 친구들에게 표하고 싶을 것이라는 것을 알고 있습니다.

그녀는 언제나 저에게 굉장히 친절했습니다. 제가 총리가 된 직후 다우닝가에서 대처 여사를 맞이한 것은 저에겐 대단한 영광이었습니다. 제가 1988년 여사를 위해 일하기 시작했을 때 제가 그렇게 할 것이라고 꿈도 꿔 보지 못한 일이었죠.

Check the Vocabulary

condolence 애도

 01-04

Mr. Speaker, as this day of tributes begins, I would like to acknowledge that there are members here in this house today from all parties who profoundly disagreed with Mrs. Thatcher but who have come here today willing to pay their respects.

Let me say to those honourable members: Your generosity of spirit does you great credit, and speaks more eloquently than any one person can of the strength and spirit of British statesmanship and British democracy.

Margaret Thatcher was a remarkable type of leader. She said, very clearly: I am not a consensus politician, but a conviction politician.

She could sum up those convictions – linked profoundly with her upbringing and values – in just a few short phrases: sound money; strong defence; liberty under the rule of law. You shouldn't spend what you haven't earned. Governments don't create wealth – businesses do that.

The clarity of these convictions was applied with great courage to the problems of the age. And the scale of her achievements is only apparent when you look back to Britain in the 1970s.

Check the Vocabulary

profoundly 깊이, 극심하게, 천천히 | **pay one's respects** 경배를 드리다, 경의를 표하다 | **honourable members** 하원의원들 | **eloquently** 웅변적으로 | **statesmanship** 정치력

의장님, 이 애도의 날을 시작하면서, 저는 대처 여사와 극심하게 이견을 보였지만 오늘 경의를 표하기 위해 이 하원에 오신 모든 정당들의 의원님들이 이 자리에 계신다는 것을 인정하고 싶습니다.

하원의원님들께 말씀드립니다: 여러분의 관용 정신은 여러분에게 큰 명예가 되고 어느 누구보다도 가장 웅변적으로 영국 정치인들과 영국 민주주의의 힘과 정신을 말하는 것입니다.

마거릿 대처 여사는 놀라운 유형의 지도자였습니다. 그녀는 매우 분명하게 말했습니다: 자신은 합의의 정치인이 아니라 신념의 정치인이라고 말입니다.

그녀는 그녀의 교육 및 가치관과 깊이 연관된 이러한 신념들을 압축해서 표현했는데, 몇 가지 짧은 표현만 말씀드리자면, 건전 화폐, 강력한 국방, 법치하의 자유입니다. 여러분은 여러분이 벌지 않은 것을 써서는 안 됩니다. 정부가 부를 창출하는 것이 아니라 기업들이 부를 창출합니다.

이 분명한 신념은 대단히 용기 있게 그 시대의 문제들에 적용되었습니다. 그리고 그녀의 업적의 규모는 1970년대 영국을 뒤돌아볼 때만 분명합니다.

Check the Vocabulary

conviction 신념 | **upbringing** 교육 | **clarity** 명쾌함

 01-05

Successive governments had failed to deal with what was beginning to be called "the British disease."

Appalling industrial relations. Poor productivity. Persistently high inflation.

Though it seems absurd today, the state had got so big that it owned our airports and airline, the phones in our houses, and trucks on our roads. The state even owned a removal company.

The air was thick with defeatism; there was a sense that the role of government was simply to manage decline.

Margaret Thatcher rejected this defeatism. She had a clear view about what needed to change.

Inflation was to be controlled – not by incomes policies, but by monetary and fiscal discipline. Industries were to be set free into the private sector. Trade unions should be handed back to their members. People should be able to buy their own council homes.

Check the Vocabulary

successive 잇따른, 연이은, 연속적인 | **appalling** 끔찍한 | **persistently** 지속적으로 | **absurd** 터무니없는 | **removal company** 이삿짐 센터 | **defeatism** 패배주의 | **trade union** 노동 조합

연이은 정부들은 '영국병'이라고 불리기 시작한 것을 해결하지 못했습니다.

정부와 산업계 간의 끔찍한 관계, 낮은 생산성, 지속적으로 높은 인플레이션.

오늘날 말도 안 되는 소리 같지만, 국가가 너무 비대해져 국가는 공항과 항공사, 집 전화 그리고 도로 위의 트럭을 소유했습니다. 국가는 심지어 이삿짐센터까지 소유했습니다.

공기에는 패배주의가 자욱했습니다. 정부의 역할은 단순히 쇠퇴를 관리하는 것이라고 생각되었습니다.

마거릿 대처는 이런 패배주의를 거부했습니다. 그녀는 바뀔 필요가 있는 것에 대해서 명확한 견해를 가졌습니다.

인플레이션은 소득 정책이 아니라 통화 및 재정 규율에 의해 통제되어야 했습니다. 기업들은 정부 규제에서 벗어나 사기업이 되어야 했습니다. 노동조합은 조합원들에게 반환되어야 합니다. 사람들은 그들 자신의 공영 주택을 구입할 수 있어야 합니다.

Check the Vocabulary

council home 공영 주택

 01-06

Success in these endeavours was never assured. Her political story was one of a perpetual battle – in the country, in this place – and sometimes even in her own cabinet too.

Of course, her career could have taken an entirely different path. In the late 1940s, before she entered politics, the then Margaret Roberts went for a job at ICI.

The personnel department rejected her application and afterwards wrote this: "This woman is headstrong, obstinate and dangerously self-opinionated."

Mr. Speaker, even her closest friends would agree she could be all of those things, but the point is this: she used that conviction and that resolve in the service of our country and we are all the better for that.

Mr. Speaker, Margaret Thatcher was also a great parliamentarian. She loved and respected this place, and was for many years its finest debater.

Check the Vocabulary

endeavour 노력, 시도 | **perpetual** 끊임없는 | **headstrong** 고집이 센 | **obstinate** 완고한 | **self-opinionated** 고집대로 행동하는 | **resolve** 결심, 결의, 의지 | **parliamentarian** 의회 정치인

이런 노력들에서의 성공은 결코 보장되지 않았습니다. 그녀의 정치 이야기는 끊임없는 전투의 이야기였습니다 – 나라에서, 이곳에서 – 때로는 그녀가 이끄는 내각에서 조차 말이죠.

물론 그녀는 전혀 다른 삶의 길을 택할 수도 있었습니다. 그녀가 정치에 입문하기 전인 1940년대 후반, 그 당시 마거릿 로버츠는 ICI에 취직하려고 했습니다.

인사부는 그녀의 구직 신청을 받아들이지 않고 '이 여성은 고집이 세고, 완고하며, 위험할 정도로 제 고집대로 행동하는 사람이다.'라고 기록했습니다.

의장님, 심지어 그녀의 가장 친한 친구들까지도 그녀가 그런 성격을 모두 다 갖고 있을 수 있다는 데 의견을 같이했습니다. 그러나 제가 말씀드리고 싶은 것은 이겁니다: 그녀는 그러한 신념과 의지를 우리나라를 위해 사용했고 그래서 우리는 더 좋아졌다는 것입니다.

의장님, 마거릿 대처 여사는 또한 위대한 의회 정치인이었습니다. 그녀는 이곳을 사랑하고 존중했으며, 수년 동안 하원의 가장 훌륭한 토론가였습니다.

Check the Vocabulary

debater 토론자

She was utterly fastidious in her preparations. I was a junior party researcher in the 1980s, and the trauma of preparation for prime minister's questions is still seared into my memory.

Twice a week, it was as if the arms of a giant octopus shook every building in Whitehall for every analysis of every problem and every answer to every question.

Her respect for parliament was instilled in others. Early in her first government, a junior minister was seen running through the lobby.

His hair was dishevelled and he was carrying both a heavy box and a full tray of papers on his arm. Another member cried out: "Slow down, Rome wasn't built in a day!" To which the minister replied: "Yes, but Margaret Thatcher wasn't the foreman on that job."

Check the Vocabulary

utterly 아주, 철저히 | **fastidious** 성미가 까다로운 | **sear** 새기다, 그슬리다 | **octopus** 문어 | **Whitehall** 화이트홀(영국 관공서가 많은 거리), 영국정부 | **instill** 심다 | **dishevel** 헝클어 놓다

그녀는 아주 세심하게 준비하는 사람이었습니다. 저는 1980년대에 당의 하급 연구원이 었는데, 총리 질문 준비 때 받은 정신적 외상은 아직도 제 기억 속에 새겨져 있습니다.

일주일에 두 번은 마치 거대한 문어의 팔들이 모든 문제의 분석과 모든 질문에 대한 모든 답변을 위해 화이트홀에 있는 모든 건물을 흔들어 놓은 것 같았습니다.

의회에 대한 그녀의 존경심은 다른 사람들에게 심어졌습니다. 그녀의 첫 정부 초기, 신참 장관이 로비를 지나 뛰는 모습이 목격되었습니다.

머리가 헝클어진 그는 무거운 상자와 서류를 잔뜩 담은 상자를 팔로 나르던 중이었습니다. 또 다른 일원이 큰 소리로 "천천히 하세요. 로마는 하루에 이루어지지 않았습니다!"라고 말했었죠. 이에 대해 그 장관은 "맞아요, 하지만 마거릿 대처가 그 공사의 현장 주임이 아니었죠."라고 응답했습니다.

Check the Vocabulary

foreman 현장 주임, 감독

Deputy Prime Minister Nick Clegg's Speech on Immigration

닉 클레그 부총리의 이민 연설

2013년 3월 22일, 런던

1967년생인 닉 클레그(Nick Clegg)는 2013년 현재 영국의 부총리이다. 2005년에 하원에 진출한 그는 2006년 자유민주당 내무 담당 대변인을 역임한 달변가이다. 2007년 이후에는 자유민주당의 지도자이자 하원의원으로 일했다. 캠브리지, 미네소타, 유럽 대학을 다니고 유럽의회 의원도 역임했다. 2010년 총선 후 자유민주당이 보수당과 연정을 구성했을 때, 부총리가 된 클레그는 의회활동 외에도 정치적인 이슈들에 대해 많은 글을 기고해 왔다. 스키 강사, 헬싱키의 한 은행 근무 등 여러 일을 경험하였으며 5개 유럽 언어에도 능통한 재주꾼이다.

 02-01

Today I want to talk about immigration. Not asylum; that's an important distinction to make – immigration. The debate is opening up, and that's a good thing. We've now heard recently from the Labour party about some of their mistakes in office. And the Prime Minister and I are setting out how the Coalition is correcting those mistakes. Me today, David Cameron on Monday.

The political mainstream has a duty to wrestle this issue away from populists and extremists. A duty to shift what can be a highly polarised debate – particularly in difficult economic times – onto practical and sensible ground. And the Liberal Democrats take that responsibility very seriously. This morning I will explain why, in order to remain an open and tolerant country, we need an immigration system that is zero-tolerant towards abuse. Tolerant Britain, zero-tolerant of abuse. That's the vision the Coalition is working towards.

Check the Vocabulary

immigration 이민, 이주 | **asylum** 망명 | **distinction** 구별, 차이 | **Labour Party** 노동당 | **mainstream** 주류 | **polarised** 양극화된 | **Liberal Democrats** 자유민주당

오늘 저는 이민에 대해 얘기하고자 합니다. 망명이 아닙니다. 망명을 이민과 구별하는 것이 중요합니다. 토론이 시작되는데 그건 좋은 겁니다. 우리는 지금 노동당으로부터 집권 당시 그들이 저지른 일부 과오에 대해 들었습니다. 총리와 저는 연립정부가 어떻게 그러한 실수들을 바로잡고 있는지 밝힐 것입니다. 제가 오늘, 데이비드 캐머런이 월요일에 연설할 예정입니다.

정치적 주류에게는 이 문제를 인기영합주의자들과 극단주의자들로부터 빼앗아 올 의무가 있습니다. 대단히 양극화된 토론이 될 수 있는 것을 – 특히 경제가 어려운 시기에 – 실용적이고 현명한 기반으로 옮겨 놓아야 할 의무가 있는 겁니다. 자유민주당은 이러한 책임을 매우 진지하게 받아들입니다. 오늘 아침, 저는 변함없이 개방적이고 관대한 영국이 되기 위해서 우리는 왜 학대에 대해 엄중 처벌하는 이민 제도가 필요한가를 설명드리겠습니다. 관대하지만 학대에 대해서는 무관용한 영국을 말입니다. 이것이 연립정부가 향해서 가고 있는 비전입니다.

Check the Vocabulary

zero-tolerant 무관용한

 02-02

Before I do, I want to make one thing very clear: the Liberal Democrats will never seek to outflank our opponents because we think that's what people want to hear. Yvette Cooper said, recently, that we must avoid an "arms race of rhetoric" on immigration. I agree. That kind of low populism patronises the British people and it is an insult to the many migrants who have contributed to our country. British society has been shaped by migrant communities in ways more profound than any cliché about chicken tikka masala, or Notting Hill Carnival, or Polish builders can ever express.

I'm the son of a Dutch mother – she, herself, raised in Indonesia; a half-Russian father; husband to a Spanish wife. Like millions of Brits, if you trace our blood lines back through the generations, you end up travelling around the globe. And I'm a liberal. I'm immensely proud of this nation's wonderful diversity and openness. Those are great British traditions too.

Check the Vocabulary

outflank 측면에서 공격하다 | **arms race of rhetoric** 말싸움 | **populism** 인기영합주의 | **patronise** 깔보는 듯한 태도로 대하다 | **cliche** 진부한 표현

제가 하기 전에 한 가지만 분명히 하고 싶습니다: 자유민주당은 절대로 우리의 경쟁자들을 측면에서 공격하지 않을 것입니다. 우리는 그것이 국민들이 듣고 싶어 하는 말이라고 생각하기 때문입니다. 이베트 쿠퍼는 최근 우리는 이민 문제에 대해 '말싸움'을 피해야 한다고 말한 바 있습니다. 저도 동감입니다. 그러한 종류의 저질 포퓰리즘은 영국 국민을 깔보는 것이고 그것은 우리나라에 기여한 많은 이주자들에 대한 모욕입니다. 영국 사회는 치킨 티카 마살라에 대한 어떠한 진부한 표현이나 노팅 힐 카니발이나 폴란드 건설자들의 표현보다 더 심오한 방법으로 이민 사회들에 의해 형성되었습니다.

저는 네덜란드 어머니의 아들입니다 – 어머니는 인도네시아에서 자라셨습니다. 러시아인의 피가 섞인 아버지이고, 스페인 아내의 남편이기도 합니다. 수백만 영국인처럼, 여러분이 세대에서 세대로 우리의 혈통을 추적해 보신다면, 여러분은 결국 전 세계를 여행하게 됩니다. 그리고 저는 개방적입니다. 저는 이 나라의 훌륭한 다양성과 개방성을 매우 자랑스럽게 생각합니다. 그것들은 위대한 영국 전통이기도 하죠.

Check the Vocabulary

chicken tikka masala 인도의 매운 닭고기 카레 요리 | **trace** 추적하다

 02-03

Of course, if you believed every headline, you'd think that when immigrants aren't stealing British jobs. They're all living the high life in 12-bedroom Kensington mansions, courtesy of the state. But that's a complete caricature of the truth.

The majority of people who come here work hard and make a contribution. Many have served – and still serve – in our armed forces. And if every member of an immigrant community suddenly downed tools, countless businesses and services would suffer. The NHS would fall over. And in a globalised economy, where talent is as mobile as capital, no nation can succeed by pulling up the drawbridge.

British firms depend on outside skills and expertise in order to compete. British universities too. The reason this country has a world-beating research base is because we are a magnet for the brightest and the best. That's why, when the Coalition put limits on the number of migrants coming here from outside Europe, it was important to Vince Cable and myself that students – genuine students – were excluded from that.

Check the Vocabulary

caricature 풍자 | **down tools** 일손을 놓다 | **NHS (National Health Service)** 세금으로 운영되는 영국의 공공 의료 서비스 | **pull up the drawbridge** 외부세계를 차단하다

물론 여러분이 모든 머리기사를 믿으신다면, 여러분은 이민자들이 영국인들의 일자리를 훔치고 있지 않는데도 그들 모두 다 국가의 호의로 침실이 12개나 있는 켄싱턴 맨션에서 부유한 생활을 하고 있다고 생각하실 겁니다. 그러나 그것은 진실에 대한 완전한 풍자입니다.

이곳에 오는 사람들의 대부분은 열심히 일해서 기여합니다. 대다수가 우리의 군에서 복무했고 아직도 복무 중입니다. 한 이민자 사회의 일원들이 갑자기 일손을 놓게 되면 수많은 기업들과 서비스업이 고통을 겪게 됩니다. 국가의료제도가 넘어질 것입니다. 그리고 재능이 자본처럼 이동하기 쉬운 세계화된 경제에서 외부세계를 차단하면서 성공할 수 있는 나라는 없습니다.

영국 기업들은 경쟁하기 위해 외부 기술과 전문 지식에 의존합니다. 영국 대학도 그렇습니다. 이 나라가 어느 나라보다도 더 나은 연구 기반을 갖고 있는 이유는 우리가 가장 총명하고 가장 우수한 사람들에게 매력적인 곳이기 때문입니다. 그것이 연립정부가 유럽 바깥지역에서 이곳으로 들어오는 이민자들의 수를 제한할 때, 학생들 – 순수한 학생들이 그것에서 제외되었던 중요한 이유입니다.

Check the Vocabulary

expertise 전문 지식, 전문 기술 | **magnet** 매력적인 곳 | **put limit on** 제한하다

 02-04

It's why, more recently, the Coalition has rejected proposals to impose a visa regime on visitors from Brazil. Where a minority are abusing the system, we need to deal with that – whatever nationality they are. But a new visa system, visa regime would deter Brazilian tourists, discourage Brazilian investors and Brazil would simply do the same to us, hampering the access British companies have to one of the world's fastest growing markets. So, yes we are bringing immigration under control, and I will explain how. But I want UK firms' businesses to be in no doubt. The Coalition's priority continues to be growth and building a stronger economy. I'm clear that well-managed immigration is a key part of that.

The problem is that the system has not been well-managed. It has been grossly mismanaged. I welcome Labour's recent admission that they got it wrong. But the fact that this mea culpa is immediately followed by mudslinging, by an attempt to blame the Coalition for the problems that remain, suggests to me Labour still don't understand just how wrong they got it. The previous government left us an immigration system in disarray. I cannot stress enough just how chaotic it was. The first thing they did, after coming into office, was stop checking if people were leaving the country. They got rid of exit checks. They weren't counting people in and they weren't counting people out either.

Check the Vocabulary

impose 도입하다, 부과하다, 강요하다 | **visa regime** 비자 체제 | **deter** 단념시키다 | **hamper** 방해하다 | **grossly** 심하게 | **mea culpa** 내 잘못 | **mudslinging** 인신 공격 | **disarray** 혼란

이런 이유 때문에 보다 최근에 연립정부는 브라질 관광객들에 대한 비자 제도를 도입하자는 제안을 거부했습니다. 소수가 이 제도를 악용하는 경우, 우리는 그들이 어느 나라 국적을 갖고 있든 간에 그것에 대처해야 합니다. 그러나 새로운 비자 제도가 브라질 관광객들을 단념하게 하고 브라질 투자가들을 위축시키게 되면 브라질 역시 우리에게 동일한 조치를 취하게 되어 영국 기업들이 세계에서 가장 빠르게 성장하고 있는 시장들로 접근하는 데 방해가 됩니다. 그래서 네, 우리는 이민을 통제하고 있으며 제가 방법을 설명드리겠습니다. 그러나 저는 영국 기업들이 의심하지 않기를 바랍니다. 연립정부의 우선순위는 계속해서 성장하고 더 강한 경제를 구축하는 것입니다. 저는 잘 관리되는 이민이 그것의 핵심 부분임을 확신합니다.

문제는 이 제도가 잘 운영되지 않았다는 것입니다. 이것은 극도로 잘못 관리되었습니다. 저는 노동당이 최근 그들이 틀렸음을 인정한 것을 환영합니다. 그러나 이렇게 잘못을 인정한 후에 인신공격과, 남아 있는 문제들의 책임을 연립정부에게 뒤집어씌우려는 시도가 즉시 뒤에 따라온다는 사실은 노동당이 아직도 그들이 얼마나 틀렸는지 이해하지 못하고 있음을 저에게 보여 주고 있습니다. 전 정부는 우리에게 혼란스러운 이민 제도를 남겼습니다. 제가 그것이 얼마나 혼란스러운지 아무리 강조해도 지나치지 않습니다. 그들이 집권한 후에 그들이 한 첫 번째 일은 사람들이 이 나라를 떠났는지 확인하는 것을 중단한 것입니다. 그들은 누가 출국하는지 확인하는 일을 없앴습니다. 그들은 사람들의 입국이나 출국을 추적하지 않고 있었습니다.

Check the Vocabulary

exit check 출국 확인

UK Chancellor's Budget Speech 2013

영국 재무장관의 2013 예산 연설

2013년 3월 20일, 영국 하원

조지 오스본(George Osborne) 재무장관은 영국 보수당 정치인이자 하원의원이며 전에 보수당 당수의 연설 원고 집필자로 일했을 정도로 달변가이다. 그가 맡고 있는 재무부는 최근의 영국 정치에서 총리 다음으로 가장 강력한 부처이며 지금까지 유일하게 한 번도 여성 장관이 나오지 않은 부처이기도 하다. 그리고 다른 나라들과는 달리 영국의 재무장관은 Chancellor of the Exchequer라고 부른다. 본 연설은 영국의 경제와 재정을 책임지고 있는 조지 오스본 장관이 1시간 이상 하원에서 행한 연설 중 일부이다. 1시간 이상을 쉬지 않고 실수 없이 연설하다가 나중에는 목이 쉰 것 같은 인상을 줄 정도로 열변을 토했다.

 03-01

Mr. Deputy Speaker, this is a Budget for people who aspire to work hard and get on. It's a Budget for people who realise there are no easy answers to problems built up over many years. Just the painstaking work of putting right what went so badly wrong. And together with the British people we are, slowly but surely, fixing our country's economic problems. We've now cut the deficit not by a quarter, but by a third. We've helped business create not a million new jobs, but one and a quarter million new jobs. We've kept interest rates at record lows.

But Mr. Deputy Speaker, despite the progress we've made, there's much more to do. Today, I'm going to level with people about the difficult economic circumstances we still face and the hard decisions required to deal with them. It is taking longer than anyone hoped, but we must hold to the right track. And by setting free the aspirations of this nation, we will get there. Our economic plan combines monetary activism with fiscal responsibility and supply side reform. And today we go further on all three components of that plan: monetary, fiscal, and supply side reform. But we also understand something else more fundamental. Our nation is in a global race – competing alongside new centres of enterprise around the world for investment and jobs that can move anywhere.

Check the Vocabulary

painstaking 수고를 아끼지 않는, 애쓰는, 공들인 | **deficit** 적자 | **record** 기록적인 | **Deputy Speaker** 부의장 | **level with** 솔직하게 말하다 | **hold to** ~를 지키다, 고수하다

부의장님, 이것은 열심히 노력해서 성공하고자 하는 분들을 위한 예산입니다. 이것은 여러 해 동안 쌓인 문제들을 쉽게 해결할 수 없다고 인식하는 사람들을 위한 예산입니다. 크게 잘못된 것을 바로잡기 위한 바로 그 고통스러운 노력이 있어야 할 것입니다. 그리고 우리는 영국 국민과 함께 서서히 그러나 확실하게 우리나라의 경제적 문제를 해결해 나가고 있습니다. 우리는 지금 적자를 4분의 1이 아닌 3분의 1까지 줄였습니다. 우리는 기업이 100만 개의 새로운 일자리가 아니라 125만 개의 새로운 일자리를 창출하도록 도왔습니다. 우리는 금리를 사상 최저 수준으로 유지했습니다.

하지만 부의장님, 우리가 이룩한 발전에도 불구하고, 아직 할 일이 많이 남아 있습니다. 오늘 저는 우리가 여전히 직면해 있는 어려운 경제 상황과 이 어려운 상황에 대처하기 위해 필요한 힘든 결정들에 대해 국민 여러분께 솔직하게 말씀드릴 생각입니다. 모든 사람이 기대했던 것보다 더 오래 걸리고 있습니다만 우리는 올바른 방향을 고수해야 합니다. 그리고 이 나라 국민의 열망을 자유롭게 풀어 우리는 그곳에 도달할 것입니다. 우리의 경제 계획은 금융의 적극행동주의를 재정 책임 및 공급 중시 개혁과 결합시킵니다. 그리고 오늘 우리는 이 계획의 세 가지 부문 즉, 금융, 재정 및 공급 중시 개혁에 대해 더 말씀드릴 겁니다. 그러나 우리는 또한 더 근본적인 다른 것을 이해하고 있습니다. 우리나라는 세계적인 경쟁을 벌이고 있습니다 – 전 세계의 새로운 기업 중심과 함께 어느 곳이든 이동할 수 있는 투자와 일자리를 놓고 경쟁하면서 말이죠.

Check the Vocabulary

activism 적극 행동주의 | **supply side** 공급 중심의 | **alongside** ~과 함께

Building a modern reformed state that we can afford.
Bringing businesses to our shores with competitive taxes.
Fixing the banks.
Improving our schools, our skills.

For years, Mr. Deputy Speaker, people have felt that the whole system was tilted against those who did the right thing: who worked, who saved, who aspired. These are the very people we must support if Britain is to have a prosperous future. This is a Budget for those who aspire to own their own home; who aspire to get their first job; or start their own business; A Budget for those who want to save for their retirement and provide for their children. It is a Budget for our Aspiration Nation.

Mr. Deputy Speaker, the forecast from the independent Office for Budget Responsibility today reminds us of the economic challenge at home and abroad.

Check the Vocabulary

shore 해안, 기슭 | **tilt** 기울이다, 불리하게 하다 | **aspire** 열망하다, 염원하다 | **retirement** 은퇴, 퇴직 | **provide for** 부양하다

우리가 할 수 있는 현대적인 개혁 국가를 건설하는 것.
경쟁력 있는 세금으로 기업들을 우리 해안으로 데려오는 것.
은행의 문제점들을 시정하는 것.
우리의 학교들, 우리의 기술들을 개선하는 것.

수년 동안 국민들은 체제 전체가 옳은 일을 한 사람들, 즉 일하고, 저축하고, 열망을 가진 사람들과는 반대 방향으로 기울어졌다고 느꼈습니다. 이분들이야말로 영국이 번영된 미래를 맞이하려면 우리가 지원해야 하는 바로 그런 분들입니다. 이것은 자신의 집을 소유하고 싶은 분들을 위한 예산입니다. 그들의 첫 직장을 구하거나 그들 자신의 사업을 시작하고자 하는 분들을 위한 예산입니다. 자신들의 은퇴에 대비해 저축하고 싶은 분들과 자신들의 자녀들을 부양하고 싶은 분들을 위한 예산입니다. 우리가 열망하는 국가를 위한 예산입니다.

부의장님, 독립적인 예산책임청의 전망은 오늘 우리들에게 국내외 경제적 도전을 알려 줍니다.

 03-03

Since the Autumn Statement, the OBR has revised down again its forecast for global economic growth and sharply revised down its forecast for world trade. Growth in the US and Japan was flat in the last quarter, while the eurozone shrank by 0.6 per cent – the largest fall since the height of the financial crisis. The problems in Cyprus this week are further evidence that the crisis is not over, and the situation remains very worrying. I can confirm as Prime Minister said, that people sent to Cyprus to serve our country, in our military or government, will be protected in full from any tax on their deposits. And the OBR have today sharply revised down their future growth forecast for the eurozone, and expect it will remain in recession throughout this year. In their words, the "underlying situation in the eurozone remains very fragile."

And I will be straight with the country: another bout of economic storms in the eurozone would hit Britain's economic fortunes hard. 40 per cent of all we export, we export to the eurozone. There is a huge effort across this government to grow Britain's trade with the fast growing parts of the world – and exports to Brazil, India and China are up almost two thirds. UK firms now export more goods to non-EU countries than to EU countries: the first time this has happened in over two decades.

Check the Vocabulary

Autumn Statement 경제백서 | **revise down** 하향 조정하다 | **forecast** 예측, 예보 | **flat** 변동이 없는 | **shrink** 줄어들다, 오그라들다 | **underlying** 근원적인 | **fragile** 취약한 | **straight** 솔직한, 정직한

경제백서 이후 예산책임청은 세계 예상 경제성장률을 다시 하향 조정했고 세계 예상 무역량을 급격히 하향 조정했습니다. 미국과 일본의 성장률은 지난 분기에 변동이 없었지만 유로화 지역은 0.6% 감소했습니다 – 이는 절정에 달했던 금융위기 이후 최대폭의 하락입니다. 이번 주 사이프러스 문제는 위기가 끝나지 않았으며 여전히 매우 걱정되는 상황이라는 또 다른 증거입니다. 저는 조국에 봉사하기 위해 사이프러스에 파견된 분들, 우리 군이나 정부에서 일하시는 분들의 예금이자세는 빠짐없이 보호될 것이라고 확인할 수 있습니다. 예산책임청은 오늘 유로화 지역에 대한 미래 예상 성장률을 급격히 하향 조정했고 유로화 지역은 올해 내내 불황상태에 있을 것으로 예상하고 있습니다. 그들의 말에 따르면, "근원적인 상황은 매우 취약합니다."

저는 국민들에게 솔직하게 말씀드리겠습니다. 유로화 지역에서의 또 한차례의 경제적 폭풍이 영국의 경제적인 운명을 또다시 강타할 것입니다. 우리는 우리 수출품의 40%를 유로화 지역에 수출합니다. 전 세계에서 빠르게 성장하고 있는 지역들과의 영국의 교역을 증대시키기 위한 정부의 엄청난 노력이 있고 브라질, 인도, 중국으로의 수출량은 거의 3분의 2 증가했습니다. 지금 영국 기업들은 EU 국가들보다는 비EU 국가들로 더 많은 제품을 수출하고 있습니다. 이것은 20여 년 만에 처음 있는 일입니다.

Check the Vocabulary

bout 한바탕, 한차례

Mr. Deputy Speaker, we can help companies grow and succeed by building infrastructure, backing local enterprise and supporting successful sectors. But nothing beats having the most competitive business tax system of any major economy in the world. And that is what this government set out to achieve. That is what we're delivering. The accountants KPMG do a survey of investors that ranks the most competitive tax regimes in the world. Three years ago, we were near the bottom of that table. Now we're at the top. But in this global race, we cannot stand still. So today, we step up the pace. Our Seed Enterprise Investment Scheme offers generous incentives to investors in start ups.

My Honourable Friend for Braintree and David Young have done a great job helping promote it around the country. They have asked me to extend the CGT holiday – and I will. Employee ownership helps create an enterprise culture. So we're making our new employee shareholder status more generous, with NICs and income tax relief. And we're introducing capital gains tax relief for sales of businesses to their employees. Companies that look after their employees, and help them return to work after periods of sickness, will get new help through the tax system too.

Check the Vocabulary

infrastructure 기간시설 | **set out** 시작하다, 착수하다 | **tax regime** 세금 체제 | **start up** 신생기업 | **shareholder** 주주 | **tax relief** 세금의 면제

부의장님, 우리는 기간시설을 건설하고, 지방기업을 지원하고 성공적인 부문을 지원해서 기업들이 성장하고 성공할 수 있도록 도울 수 있습니다. 그러나 어떤 것도 세계에서 어떤 경제대국이 가장 경쟁력 있는 기업세금제도를 갖는 것을 이기지 못합니다. 그것이 이 정부가 성취하기 시작한 것입니다. 그것이 우리가 하고 있는 일입니다. 회계회사 KPMG는 투자가들을 대상으로 세계에서 가장 경쟁력 있는 세금제도에 대해 설문조사를 하여 순위를 매깁니다. 3년 전 우리는 그 표에서 바닥 부근에 있었습니다. 지금은 상위권에 있습니다. 그러나 이 세계적인 전쟁에서 우리는 가만히 있을 수 없습니다. 그래서 오늘 우리는 속도를 높입니다. 우리의 SEIS는 신생기업 투자가들에게 관대한 장려책을 제공합니다.

존경하는 브랜트리의 의원님과 데이비드 영은 일을 훌륭하게 수행하여 이것을 전국적으로 홍보하는 데 일조했습니다. 이들은 저에게 CGT 휴일을 늘릴 것을 요청했고 저는 그렇게 할 것입니다. 직원의 지분은 기업문화 창출에 도움이 됩니다. 그래서 우리는 NIC와 소득세의 면제로 우리의 신입사원 주주의 신분이 더 관대해지도록 하고 있습니다. 그리고 우리는 회사를 직원들에게 매각하는 경우 양도 소득세가 면제됨을 알려드립니다. 자신들의 직원들을 돌봐 주고 아팠던 직원들이 직장에 복귀하도록 도와주는 기업들 역시 세금제도를 통해 새로운 도움을 받게 될 것입니다.

Check the Vocabulary

capital gains tax relief 자본 이득세(양도 소득세) 면제 | **look after** 돌보다

 03-05

Mr. Deputy Speaker, a new Employment Allowance that helps small firms.

A 20 per cent rate of Corporation Tax.

A £10,000 Personal Allowance.

Major achievements delivered by this Government in difficult times.

We understand that the way to restore our economic prosperity is to energise the aspirations of the British people.

If you want to own your own home;

If you want help with your childcare bills;

If you want to start your own business or give someone a job;

If you want to save for your retirement and leave your home to your children;

If you want to work hard and get on;

we are on your side.

This is a Budget, this is a Budget that doesn't duck our nation's problems.

It confronts them head on.

It is a Budget for an aspiration nation.

It is a Budget that wants to be prosperous, solvent and free.

And I commend it to the House.

Check the Vocabulary

corporation tax 법인세 | **restore** 회복시키다 | **energise** 활력을 불어넣다 | **on your side** 여러분 편이다 | **duck** 회피하다 | **head on** 정면으로 | **solvent** 부채를 갚을 능력이 있는

부의장님, 소기업들을 돕는 새로운 고용 수당입니다.

20% 비율의 법인세.

10,000파운드 개인 소득세 공제.

어려운 시기에 이 정부는 주요 업적을 달성했습니다.

우리는 우리의 경제적 번영을 회복하는 방법은 영국 국민의 열망에 활력을 불어넣는 것임을 압니다.

여러분이 집을 소유하고 싶으시다면,

여러분의 육아비용에 도움을 받고 싶으시다면,

창업을 하고 싶거나 누군가에게 일자리를 주고 싶으시다면,

은퇴에 대비해 저축하고 집을 자녀에게 물려주고 싶으시다면,

열심히 일해서 성공하고 싶으시다면,

우리는 여러분 편입니다.

이것은 우리나라의 문제를 피하지 않는 예산입니다.

이것은 정면으로 맞섭니다.

이것은 열망이 있는 국가의 예산입니다.

이것은 성공하고, 부채를 갚을 여유가 있고 자유롭고 싶은 한 영국인을 위한 예산입니다.

그래서 저는 이것을 하원에 추천합니다.

Check the Vocabulary

commend 추천하다

UK Prime Minister's 2013 Davos Forum Speech

영국 총리의 2013 다보스 포럼 연설

2013년 1월 26일, 스위스 다보스

세계적인 저명인사들이 대거 참석하는 다보스 세계경제포럼에서 영국 총리 데이비드 캐머런이 행한 연설이다.

WEF(세계경제포럼)는 1970년 유럽의 경제인들이 서로 안면을 익히고 우의를 다지기 위해 만든 비영리재단인데, 스위스 다보스에서 개최되는 이 재단의 연차 총회인 다보스 포럼으로 더 잘 알려져 있다. 최근 들어 세계적인 저명인사들이 대거 다보스 포럼에 참석하고, 경제 외에 정치·사회 문제에 대한 처방과 대안을 제시하는 자리로 바뀌면서 개별 국가정책에 영향을 미치는 국제회의 성격이 강해졌다. 다보스 포럼은 1982년부터 열리기 시작했으며, 1주일간 주요 인사의 연설과 분야별 토론, 사교모임 등 행사가 이어진다. 신문을 통해서 아시는 분들은 아시겠지만 우리나라를 대표해서 이 포럼에 참가하는 인사는 대부분 정치계의 거물급이다.

 04-01

It's the UK's privilege to host the G8 this year and I want to set out today our main priorities. Now right up there on our agenda is of course tackling the threat of extremism and terrorist violence that we've seen erupt in Mali and in that despicable attack in Algeria.

I'll put my cards on the table, I believe we are in the midst of a long struggle against murderous terrorists and a poisonous ideology that supports them. Just as we've successfully put pressure on al-Qaeda in Afghanistan and Pakistan, so al-Qaeda franchises have been growing for years in Yemen, in Somalia and across parts of North Africa, places that have suffered hideously through hostage taking, terrorism and crime.

Check the Vocabulary

right up there 1~2등을 다투어 | **erupt** 발발하다 | **despicable** 야비한 | **I'll put my cards on the table.** 솔직하게 털어놓겠습니다. | **murderous** 잔인한 | **hideously** 소름이 끼칠 정도로

금년에 G8 회담을 개최하는 것은 영국의 특권이라, 저는 오늘 우리의 최우선 과제들을 제시하고자 합니다. 우리 의제에서 1~2번을 다룰 정도로 가장 중요한 것은 물론 우리가 말리에서 발발한 극단주의와 테러 폭력과 알제리에서의 그 야비한 공격의 위협을 해결하는 것입니다.

제 계획을 솔직하게 털어놓겠습니다. 저는 우리가 잔인한 테러분자들과 테러분자들을 지지하는 해로운 이데올로기에 맞서 오랜 투쟁을 하고 있다고 생각합니다. 우리가 아프가니스탄과 파키스탄에서 성공적으로 알카에다에 압력을 가한 것처럼, 알카에다 세력은 예멘, 소말리아 및 북아프리카 지역에서 수년 동안 커져 왔습니다. 이 지역들은 인질극을 벌이는 테러와 범죄로 소름이 끼칠 정도의 고통을 겪어 왔습니다.

Check the Vocabulary

hostage 인질

 04-02

Now to defeat this menace we've got to be tough, we've got to be intelligent and we've got to be patient, and this is the argument I'll be making at the G8. Let me be again absolutely clear, there is a place for a tough security approach including at times military action where necessary. The French are right to act in Mali and I backed that action, not just with words, but with logistical support, too. But we need to combine a tough security response with an intelligent political response. We need to address that poisonous narrative that the terrorists feed on. We need to close down the ungoverned space in which they thrive, and yes we need to deal with the grievances that they use to garner support.

Now this means using everything at our disposal: our diplomatic networks, our aid budgets, our political relations, our military and security cooperation and yes, supporting — in those countries and elsewhere — the building blocks of democracy, like the rule of law and a free media. The Arab Spring remains part of the solution, not part of the problem.

Check the Vocabulary

menace 위협, 협박 | **logistical support** 병참 지원 | **thrive** 무성하다, 번창하다 | **grievance** 불만 | **garner** ~을 모으다 | **at our disposal** 우리 마음대로 쓸 수 있는

이제 이 위협을 물리치기 위해 우리는 강해야 하고, 총명하게 행동해야 하며, 인내심을 가져야 하는데 저는 이 점을 G8에서 주장할 것입니다. 다시 한번 분명히 짚고 넘어가겠습니다. 때로는 필요하다면 군사적 대응을 포함해서 강력한 안보가 필요한 곳이 있습니다. 프랑스가 말리에서 행동하는 것은 적절한 조치였고 저는 그러한 조치를 지지했습니다. 말로만 지원한 게 아니라 병참지원도 했습니다. 하지만 우리는 강력한 안보 대응을 지적인 정치적 대응과 결합시킬 필요가 있습니다. 우리는 테러분자들이 먹고사는 그 치명적인 이야기에 역점을 두고 대처해야 합니다. 우리는 이 제어되지 않은 곳을 폐쇄해야 합니다. 그들이 이곳에서 무성하게 자라고 있기 때문입니다. 그렇습니다, 우리는 그들이 지지를 얻어 내기 위해 사용하는 불만들에 대처해야 합니다.

그렇다면 이것은 우리 마음대로 쓸 수 있는 모든 것을 활용하는 것을 의미합니다. 우리의 외교 네트워크, 우리의 원조 예산, 우리의 정치적 관계, 우리의 군사적, 안보적 협력 그리고 네, 그 나라들을 비롯한 다른 지역에서의 지원, 법치와 자유 언론 같은 민주주의의 구성 요소들을 말입니다. 아랍의 봄은 해결의 일부이지 문제의 일부가 아닙니다.

Check the Vocabulary

building blocks 구성 요소, 소재

 04-03

Now I want to open up a new debate too in how we share the burden of meeting this threat. The G8 can help discuss how we can best divide up some of this work between us and how we can each individually partner up with the countries worst affected to overcome this threat and, like I say, this is going to be right up on our agenda for the G8.

But today I want to focus on our economic priorities, because for all the countries in the G8 and all the countries across the European Union there is a big, looming insistent question, and that is how do we compete and succeed in the global economic race that we are engaged in today.

How do we succeed when other nations are growing, changing, innovating so fast? Now a lot of the answers are clear. You've got to deal with your debts, you've got to cut business taxes, you've got to tackle the bloat in welfare, and crucially you've got to make sure your schools and your universities are truly world class.

Check the Vocabulary

partner up 협동하다, 파트너가 되다 | **looming insistent question** 관심이 모아지고 있는 긴급한 문제 | **bloat** (인원.경비 등의) 쓸데없는 확충

이제 저는 우리가 이 위기 대처의 부담을 나누는 것과 관련해서 새로운 토론도 시작하고 싶습니다. G8은 우리가 이 일의 일부를 가장 잘 나눌 수 있는 방법과 우리가 개별적으로 가장 심하게 타격을 받은 나라들과 협동해서 이 위기를 극복하는 방법 논의에 일조할 수 있습니다. 그리고 제가 말한 것처럼 이것은 우리의 첫 번째 G8 의제가 될 것입니다.

그러나 오늘 저는 우리의 경제적 우선 과제에 초점을 맞추고 싶습니다. 왜냐하면 G8의 모든 나라들과 EU의 모든 나라들에게 대단히 중요한, 관심의 초점이 모아지고 있는 긴급한 문제가 있고 그것은 오늘날 우리가 벌이고 있는 세계적인 경제 전쟁에서 어떻게 성공하느냐 하는 것입니다.

다른 나라들이 그렇게 빨리 성장하고, 변화하고, 혁신하고 있을 때 우리는 어떻게 성공할까요? 자, 분명한 답들이 많습니다. 여러분은 여러분의 채무를 해결해야 하고, 영업세를 인하해야 하고, 불필요한 복지의 확충 문제를 해결해야 합니다. 그리고 여러분의 학교와 대학들이 실로 세계적 수준이 되게 하는 것은 아주 중대한 문제입니다.

Aung San Suu Kyi's Nobel Peace Prize Speech

아웅산 수지 여사의 노벨 평화상 수상 소감

2012년 6월 16일, 노르웨이 오슬로

버마의 독립운동 지도자이자 국부인 보조 아웅산의 딸로, 15세 때 영국으로 건너가 옥스퍼드 대학교에서 정치학을 전공했다. 수지 여사는 영국 유학 시절 만난 남편과 결혼하여 아들 둘을 낳고 교수 일을 하는 남편을 열심히 내조하며 영국 옥스퍼드에서 철저히 가정주부로 살았다고 한다. 그러나 1988년에 어머니 병간호를 위해 버마로 귀국한 후 군사정부에 반대하는 집회(통칭 8888 항쟁)에 참여하면서 영국의 평범한 가정주부에서 갑자기 버마 민주화 운동의 지도자로 부상했다. 수지 여사가 주도한 민주화 운동은 네윈 장군을 권좌에서 물러나도록 만들었으나 결국 군사정부에 의한 대량학살의 비극으로 끝났으며 수지 여사는 1989년 가택연금에 처해졌다. 1991년 수지 여사는 민주화 운동의 공적을 인정받아 노벨 평화상을 받았다. 시상식이 열렸을 때, 그녀는 버마의 군부독재 세력에 의해 여전히 연금되어 있어 두 아들과 남편이 그녀의 전면 사진을 들고 대신 참석했다. 2010년 11월 13일, 국제 사회의 압력을 받은 버마 군정이 수지 여사의 가택 연금을 해제한다고 발표했는데 이는 야당의 손발을 묶어 야당이 보이콧을 선언한 총선에서 여당이 압승을 거뒀기 때문이다. 수지 여사는 1991년 노벨 평화상을 수상하고도 당시 가택 연금 상태에 있었기 때문에 이 노르웨이에서의 수상 소감은 수상 21년 만에 발표하는 것이다. 수지 여사는 15세 때 영국으로 건너갔고 옥스퍼드 대학에서 정치학을 전공하여 완벽한 영국 영어를 구사한다. 최근 세계 경제포럼에서 2015년 대선 출마 의사를 밝혀 우리나라처럼 버마에서도 최초의 여성 대통령이 탄생될지 두고 볼 일이다.

국립국어원이 1999년 정부언론외래어심의공동위원회에서 결정한 표기법에 따르면 Aung San Suu Kyi 여사의 올바른 한글 표기는 '아웅 산 수 치'다. 또한 Myanmar의 공식 명칭은 미얀마연방공화국(The Republic of Myanmar)이다. 이는 1948년 영국에서 독립하면서 국명을 '버마연방(Union of Burma)'이라 정했지만 1988년 군사정부가 등장해 1989년 6월 '미얀마연방(The Union of Myanmar)'으로 개칭했기 때문이다.

그러나 2013년 1월, 아웅산 수지 여사와 미얀마 민족민주동맹(NLD) 한국지부는 "'아웅 산 수 치'와 '미얀마' 표기법을 각각 '아웅산 수지'와 '버마'로 바꿔 달라"고 요청했다. '아웅산 수지'는 원래 발음에 가깝게 표기해 달라는 것이다. 또한 독재자가 독단적으로 바꾼 국명 대신 기존의 국명인 '버마'를 사용해 달라는 요청이다. 이에 따라 이 스피치에서는 여사의 요청을 존중하여 '아웅산 수지', '버마'로 표기한다.

🎧 05-01

Over the past year there have been signs that the endeavours of those who believe in democracy and human rights are beginning to bear fruit in Burma. There have been changes in a positive direction; steps towards democratisation have been taken. If I advocate cautious optimism it is not because I do not have faith in the future but because I do not want to encourage blind faith. Without faith in the future, without the conviction that democratic values and fundamental human rights are not only necessary but possible for our society, our movement could not have been sustained throughout the destroying years. Some of our warriors fell at their post, some deserted us, but a dedicated core remained strong and committed. At times when I think of the years that have passed, I am amazed that so many remained staunch under the most trying circumstances. Their faith in our cause is not blind; it is based on a clear-eyed assessment of their own powers of endurance and a profound respect for the aspirations of our people.

Check the Vocabulary

advocate 지지하다, 옹호하다 | **optimism** 낙관론 | **have faith in** 믿다 | **blind faith** 맹신 | **conviction** 신념 | **warrior** 전사 | **fall at one's post** 순직하다 | **desert** 버리다, 떠나다

지난 한 해 동안 민주주의와 인권을 믿는 사람들의 노력이 버마에서 열매를 맺기 시작하는 징후가 보였습니다. 긍정적인 방향으로 변화가 있었습니다. 민주화를 향한 조치들이 취해졌던 거죠. 제가 조심스러운 낙관론을 지지한다면, 그것은 제가 미래를 믿지 않아서가 아니라 맹신을 장려하지 않기 때문입니다. 미래에 대한 믿음이 없이는, 민주적 가치와 기본적 인권은 우리 사회에게 필요할 뿐만 아니라 가능하다는 신념이 없이는, 우리의 운동이 파괴적인 수년 동안 지속될 수 없었을 것입니다. 우리의 일부 전사들은 순직했고, 일부는 우리를 떠났지만 헌신적인 핵심요원들은 여전히 강하고 열성적이었습니다. 저는 가끔 지난 세월을 회고하면서 가장 고된 상황에서도 그렇게 많은 사람들이 결연한 태도를 유지한 것에 놀랍니다. 우리의 대의에 대한 그들의 믿음은 맹신이 아닙니다. 그것은 그들 자신의 인내심에 대한 명석한 이해와 우리 국민들의 열망에 대한 깊은 존경심을 바탕으로 하고 있습니다.

Check the Vocabulary

core 핵심 | **staunch** 확고한, 견고한 | **clear-eyed** 명석한, 현실적인 | **aspiration** 열망

 05-02

It is because of recent changes in my country that I am with you today; and these changes have come about because of you and other lovers of freedom and justice who contributed towards a global awareness of our situation. Before continuing to speak of my country, may I speak out for our prisoners of conscience? There still remain such prisoners in Burma. It is to be feared that because the best known detainees have been released, the remainder, the unknown ones, will be forgotten. I am standing here because I was once a prisoner of conscience. As you look at me and listen to me, please remember the often repeated truth that one prisoner of conscience is one too many. Those who have not yet been freed, those who have not yet been given access to the benefits of justice in my country number much more than one. Please remember them and do whatever is possible to effect their earliest, unconditional release.

Check the Vocabulary

awareness 인식 | **prisoner of conscience** 양심수, 정치범 | **detainees** (보통 정치적 이유에 의한) 억류자 | **one too many** 불필요한 | **give access to** ~에 접근을 허가하다

제가 오늘 여러분과 함께 있는 것은 우리나라의 최근의 변화들 때문이며 이런 변화들은 우리의 상황에 대한 국제적 인식에 기여한 여러분을 비롯하여 자유와 정의를 사랑한 분들 때문에 생겼습니다. 제가 우리나라에 대해 얘기하기 전에 우리의 양심수를 대변해도 되겠습니까? 버마에는 아직도 이런 죄수들이 남아 있습니다. 가장 잘 알려진 구류자들이 석방되었기 때문에 나머지, 알려지지 않은 사람들이 잊힐까 우려됩니다. 제가 이 자리에 서 있는 것은 저는 한때 양심수였기 때문입니다. 저를 보고, 제 말을 들으실 때, 단 한 명의 양심수라도 너무 많다는 자주 반복되는 사실을 기억해 주십시오. 아직 석방되지 않은 분들, 우리나라에서 아직 정의의 혜택에 접근하는 것이 허용되지 않는 분들은 한 명보다 훨씬 더 많습니다. 그분들을 기억해 주시고 그분들의 무조건적인 조기 석방을 위해 가능한 모든 조치를 취해 주십시오.

Check the Vocabulary

effect (목적, 계획 등을) 달성하다

 05-03

Burma is a country of many ethnic nationalities and faith in its future can be founded only on a true spirit of union. Since we achieved independence in 1948, there never has been a time when we could claim the whole country was at peace. We have not been able to develop the trust and understanding necessary to remove causes of conflict. Hopes were raised by ceasefires that were maintained from the early 1990s until 2010 when these broke down over the course of a few months. One unconsidered move can be enough to remove long-standing ceasefires. In recent months, negotiations between the government and ethnic nationality forces have been making progress. We hope that ceasefire agreements will lead to political settlements founded on the aspirations of the peoples, and the spirit of union.

Check the Vocabulary

at peace 평화로운 | **ceasefire** 휴전, 정전 | **break down** 결렬되다 | **settlement** 해결, 합의

버마는 여러 민족으로 구성된 나라고, 미래에 대한 믿음은 진정한 화합정신에만 기반을 둘 수 있습니다. 우리가 1948년 독립을 성취한 후, 전국이 평온했다고 주장할 수 있었던 때는 한 번도 없었습니다. 우리는 갈등의 원인 제거에 필요한 신뢰와 이해를 키울 수 없었습니다. 1990년대 초부터 두세 달 동안 휴전이 결렬되었던 2010년까지 유지되었던 휴전으로 희망이 생겼습니다. 오래 지속되어 온 휴전을 깨는 것은 사려 깊지 못한 한 행동만으로 충분합니다. 최근 몇 달 동안 정부와 민족 국가 간 협상이 진전되었습니다. 우리는 휴전 협정이 민족들의 야망과 화합 정신에 입각한 정치적 합의로 이어지기를 바랍니다.

 05-04

My party, the National League for Democracy, and I stand ready and willing to play any role in the process of national reconciliation. The reform measures that were put into motion by President U Thein Sein's government can be sustained only with the intelligent cooperation of all internal forces: the military, our ethnic nationalities, political parties, the media, civil society organisations, the business community and, most important of all, the general public. We can say that reform is effective only if the lives of the people are improved and in this regard, the international community has a vital role to play. Development and humanitarian aid, bilateral agreements and investments should be coordinated and calibrated to ensure that these will promote social, political and economic growth that is balanced and sustainable. The potential of our country is enormous. This should be nurtured and developed to create not just a more prosperous but also a more harmonious, democratic society where our people can live in peace, security and freedom.

Check the Vocabulary

put into motion 실행에 옮겨진 | **ethnic nationalities** 소수 민족들 | **general public** 일반 대중 | **in this regard** 이런 점에서 | **bilateral** 쌍무적인 | **calibrate** 눈금을 매기다, 측정하다

제가 속한 당인 민족민주동맹과 저는 국민적 화합의 과정에 어느 역할이든 할 준비가 되어 있고 기꺼이 하려고 합니다. 떼인 세인 대통령 정부에 의해 실행에 옮겨진 개혁 조치들은 모든 내부 세력들의 지적인 협조를 얻어야만 지속될 수 있습니다. 군, 민족들, 정당, 언론, 시민사회 단체들, 재계 그리고 가장 중요한 일반 국민들의 협조를 얻어야 합니다. 개혁은 국민의 삶이 향상되어야만 효과적이라 할 수 있습니다. 그런 점에서 국제사회가 해야 할 아주 중요한 역할이 있습니다. 개발과 인도주의 차원의 원조, 쌍무 협정과 투자가 조정되고, 측정되어 이런 것들이 균형을 이루고 지속될 수 있는 사회적, 정치적, 경제적 성장을 촉진시키게 해야 합니다. 우리나라의 잠재력은 엄청납니다. 이것을 키우고 개발하여 더욱 번성할 뿐만 아니라 우리 국민이 평화롭고, 안전하며, 자유롭게 살 수 있는 더 화합하고 민주적인 사회를 만들어야 합니다.

Check the Vocabulary

nurture 키우다, 양육하다

 05-05

The peace of our world is indivisible. As long as negative forces are getting the better of positive forces anywhere, we are all at risk. It may be questioned whether all negative forces could ever be removed. The simple answer is: "No!" It is in human nature to contain both the positive and the negative. However, it is also within human capability to work to reinforce the positive and to minimise or neutralise the negative. Absolute peace in our world is an unattainable goal. But it is one towards which we must continue to journey, our eyes fixed on it as a traveler in a desert fixes his eyes on the one guiding star that will lead him to salvation. Even if we do not achieve perfect peace on earth, because perfect peace is not of this earth, common endeavours to gain peace will unite individuals and nations in trust and friendship and help us to make our human community safer and kinder.

Check the Vocabulary

indivisible 분할할 수 없는 | **contain** ~가 들어 있다 | **reinforce** 강화하다 | **minimise** 최소화하다 | **neutralise** 무력화하다 | **unattainable** 도달할 수 없는 | **salvation** 구제, 구원

우리 세계의 평화는 분할할 수 없는 겁니다. 부정적인 힘이 긍정적인 힘을 어느 곳에서든 이기는 한 우리는 모두 다 위험합니다. 모든 부정적인 힘은 제거될 수 있는 건지 의문이 제기될 수 있습니다. 이에 대한 간단한 답은 '아니오'입니다. 긍정적인 힘과 부정적인 힘 둘 다 지니는 것은 인간의 본성입니다. 그러나 긍정의 힘을 강화하고 부정의 힘을 최소화하거나 무력화시키기 위해 노력하는 것 또한 인간의 능력 범위 내에 있습니다. 우리 세계에서 절대적인 평화는 성취할 수 없는 목표입니다만 우리는 계속해서 그곳을 향해 가야 합니다. 사막의 여행자가 그를 인도하여 구원해 줄 한 길잡이 별에 자신의 눈을 고정하듯이 우리의 눈을 그것에 고정시켜 놓고 말이죠. 완전한 평화가 이 지구에서는 가능하지 않기 때문에 우리가 이 세상에서 완전한 평화를 성취하지 못한다 하더라도 평화를 얻으려는 공동의 노력은 개인들과 국가들을 신뢰와 우의로 통합시켜 우리 인류 사회를 더 안전하고 더 친절하게 만드는 데 일조할 것입니다.

Check the Vocabulary

not of this earth 이 지구에서는 가능하지 않은

Queen Elizabeth II's Christmas Message 2012

엘리자베스 2세의 2012 크리스마스 메시지

2012년 12월 25일, 유튜브 왕실채널

엘리자베스 2세는 1926년 4월 21일 영국 런던에서 요크 공 앨버트(Albert of York)와 그의 부인 엘리자베스 보스 라이언(Elizabeth Bowes-Lyon)의 큰딸로 태어났다. 공주 시절인 1952년 1월 오스트레일리아와 뉴질랜드 순방길에 올랐다가, 1952년 2월 6일 케냐의 사가나에서 부왕의 부음을 듣고 즉시 영국으로 귀국함과 동시에 여왕에 즉위하였다. 여왕은 검소한 궁정생활을 선호하는 것으로 알려져 있으며 신중하기로 정평이 나 있다. 또한 전통적이고 의례적인 군주의 임무 이외에도 정부 운영에 관심을 가지고 있다. 그녀는 열성적인 승마인으로, 경주마를 가지고 있으며, 경마 시합에도 자주 참석한다고 한다.

영국의 국왕 혹은 여왕에 의한 크리스마스 메시지는 1932년 라디오 방송부터 시작됐는데, 텔레비전으로는 1957년부터 방송됐다. 매년 행해지는 연례행사다. 작년에 런던에서 올림픽이 개최되어 2012 성탄 메시지에는 올림픽의 성공적인 개최와 관련한 발언이 포함된 것이 특징이다.

06-01

"This past year has been one of great celebration for many. The enthusiasm which greeted the Diamond Jubilee was, of course, especially memorable for me and my family.

"It was humbling that so many chose to mark the anniversary of a duty which passed to me 60 years ago. People of all ages took the trouble to take part in various ways and in many nations. But perhaps most striking of all was to witness the strength of fellowship and friendship among those who had gathered together on these occasions.

"Prince Philip and I were joined by our family on the River Thames as we paid tribute to those who have shaped the United Kingdom's past and future as a maritime nation, and welcomed a wonderful array of craft, large and small, from across the Commonwealth.

"On the barges and the bridges and the banks of the river there were people who had taken their places to cheer through the mist, undaunted by the rain. That day there was a tremendous sense of common determination to celebrate, triumphing over the elements.

Check the Vocabulary

diamond jubilee 60주년 경축 행사 | **occasion** 행사, 경우, 때 | **maritime** 바다의, 해양의 | **Commonwealth** 영연방(영국과 과거 대영제국의 일부였던 국가들로 구성된 조직)

올해는 많은 사람들이 크게 축하한 한 해였습니다. 물론 즉위 60주년을 맞이한 열정은 저와 저의 가족에게 특별히 기억할 만한 것이었습니다.

아주 많은 사람들이 저의 여왕 즉위 60주년을 기념하기로 한 것은 저에겐 영광이었습니다. 다양한 연령대의 사람들이 수고스럽게도 여러 가지 방법으로 많은 국가에서 경축행사에 참가했습니다. 그러나 아마도 가장 놀랄 만한 것은 이 행사에 함께 모인 사람들 간의 동료애와 우정의 힘을 목격한 것일 것입니다.

필립 공과 저는 템스 강에서 우리 가족과 함께 해양국가로서의 영국의 과거와 미래를 만든 분들에게 경의를 표하고 영연방에서 온 크고 작은 멋지고 다양한 배들을 환영했습니다.

바지선과 다리와 강둑에는 자신들의 자리에 앉은 사람들이 비에 굴하지 않고 안개 속에서 환호했습니다. 축하하겠다는 엄청난 공동의 결의가 악천후를 물리쳤습니다.

Check the Vocabulary

undaunted 굽히지 않는 | **triumph over** 이기다 | **the elements** 악천후

 06-02

"That same spirit was also in evidence from the moment the Olympic flame arrived on these shores. The flame itself drew hundreds and thousands of people on its journey around the British Isles, and was carried by every kind of deserving individual, many nominated for their own extraordinary service.

"As London hosted a splendid summer of sport, all those who saw the achievement and courage at the Olympic and Paralympic Games were further inspired by the skill, dedication, training and teamwork of our athletes. In pursuing their own sporting goals, they gave the rest of us the opportunity to share something of the excitement and drama.

"We were reminded, too, that the success of these great festivals depended to an enormous degree upon the dedication and effort of an army of volunteers. Those public-spirited people came forward in the great tradition of all those who devote themselves to keeping others safe, supported and comforted.

Check the Vocabulary

in evidence 뚜렷이 보여 | **Olympic flame** 올림픽 성화 | **British Isles** 영국 제도 | **host** 주최하다 | **Paralympic Games** 세계 장애인 올림픽

이와 똑같은 정신은 올림픽 성화가 이 해안에 도착한 순간에도 뚜렷이 보였습니다. 불길 자체가 영국 제도를 도는 모습을 보기 위해 수많은 인파가 나타났습니다. 성화는 자격을 갖춘 다양한 사람들에 의해 봉송되었는데 이들 중 많은 사람들은 그분들만의 특별한 서비스로 지명되셨습니다.

런던이 멋진 하계 올림픽을 개최하는 동안, 올림픽과 장애인 올림픽에서 업적과 용기를 목격한 모든 사람들은 우리 선수들이 보여 준 기술, 헌신, 훈련 및 팀워크에 더욱 감명받았습니다. 그들 자신의 목표를 추구하면서도, 그들은 우리들에게 흥분되고 극적인 것을 같이 나눌 기회를 주었습니다.

이 위대한 축제들의 성공은 수많은 자원봉사자들의 헌신과 노력에 크게 의존했음이 떠올랐습니다. 그 공공심이 있는 분들은 다른 사람들을 안전하게 하고, 지원받게 하고, 편안하게 하는 데 자신을 바치는 모든 분들의 위대한 전통에 따라 자원하셨습니다.

 06-03

"For many, Christmas is also a time for coming together. But for others, service will come first. Those serving in our armed forces, in our emergency services and in our hospitals, whose sense of duty takes them away from family and friends, will be missing those they love.

"And those who have lost loved ones may find this day especially full of memories. That's why it's important at this time of year to reach out beyond our familiar relationships to think of those who are on their own.

"At Christmas I am always struck by how the spirit of togetherness lies also at the heart of the Christmas story. A young mother and a dutiful father with their baby were joined by poor shepherds and visitors from afar. They came with their gifts to worship the Christ child. From that day on he has inspired people to commit themselves to the best interests of others.

Check the Vocabulary

dutiful 본분을 다하는 | **shepherd** 양치기 | **afar** 멀리서 | **worship** 찬양하다, 존경하다

많은 사람들에게 크리스마스는 또한 한 자리에 모일 수 있는 시간입니다만 누군가에게는 봉사가 먼저일 것입니다. 우리의 군, 비상 대책 부서, 병원에서 봉사하시는 분들의 의무감은 자신들을 가족과 친구들에게서 떨어지게 하여 사랑하는 사람들을 보고 싶어 하게 됩니다.

그리고 사랑하는 사람들을 잃은 분들은 이날을 특별히 추억이 가득한 날로 생각할지도 모릅니다. 그렇기 때문에 해마다 이맘때가 되면 혼자인 사람들을 생각하며 우리의 가족 관계를 떠나 다른 사람들에게 손을 내미는 것이 중요한 겁니다.

크리스마스 때, 저는 연대감이 크리스마스 이야기의 중심에 어떻게 자리하는지에 대해 항상 놀랍니다. 아기와 함께 있던 젊은 어머니와 본분을 다하는 아버지 부부는 멀리서 온 가난한 목자들과 방문자들과 자리를 함께했습니다. 그들은 아기 예수를 찬양하기 위해 선물을 갖고 왔습니다. 그날부터 그는 타인의 최상의 이익을 위해 헌신하도록 사람들을 격려하였습니다.

 06-04

"This is the time of year when we remember that God sent his only son 'to serve, not to be served.' He restored love and service to the centre of our lives in the person of Jesus Christ.

"It is my prayer this Christmas Day that his example and teaching will continue to bring people together to give the best of themselves in the service of others.

"The carol, In the Bleak Midwinter, ends by asking a question of all of us who know the Christmas story, of how God gave himself to us in humble service: 'What can I give him, poor as I am? If I were a shepherd, I would bring a lamb; if I were a wise man, I would do my part.' The carol gives the answer 'Yet what I can I give him — give my heart.'

"I wish you all a very happy Christmas."

Check the Vocabulary

in the service of ~을 위해 | **bleak** 차가운, 살을 에는 듯한

지금은 신이 자신의 유일한 아들을 봉사를 받는 게 아니라 봉사하라고 보냈음을 우리가 기억할 때입니다. 그는 예수 그리스도를 통해 사랑과 봉사를 우리 생활의 중심에 회복시켰습니다.

예수 그리스도의 본보기와 가르침이 계속해서 사람들을 한데 모아 다른 사람들을 위해 최선을 다하게 하는 것이 오늘 이 크리스마스의 저의 기도입니다.

In the Bleak Midwinter라는 캐럴은 신이 어떻게 겸손한 태도로 자신이 우리에게 줄 수 있는 모든 것을 주었는가에 대한 크리스마스 이야기를 아는 우리 모두에게 질문하면서 마칩니다: "나는 가난하지만 그에게 무엇을 드릴 수 있을까? 내가 목자라면 나는 어린 양을 데려올 거야: 내가 현인이라면, 나는 내 역할을 할 거야." 이 캐럴은 답을 줍니다. "나는 부자도 아니고 현인도 아니지만 내 마음을 드릴 수 있어."라고 말입니다.

행복한 크리스마스를 보내시기를……

Foreign Secretary's Conservative Party Conference Speech

외무장관의 보수당 의원총회 연설

2012년 10월 7일, 버밍엄

1961년생인 윌리엄 헤이그(William Hague)는 현재 영국의 정치인이자 외무장관이다. 그는 보수당 당수를 역임했다(1997년 6월~2001년 9월). 옥스퍼드 대학을 우등생으로 졸업한 그는 대학에서 철학, 정치학, 경제학을 전공했다. 1989년 보궐선거로 하원에 입문한 그는 1995년 존 메이저 정부에 입각한다. 1997년 총선에서 보수당이 패배한 후 보수당 당수로 선출되었으나 2001년 총선에서 노동당에 압도적인 차로 패배하자 당수직을 내놓는다. 2005년 데이비드 캐머런이 보수당 당수로 선출된 후, 예비 외무장관으로서 정치 일선에 복귀한다. 이후 2010년 캐머런이 총리가 되면서 제1국무장관과 외무장관직을 맡았다. 헤이그 장관의 연설은 시원시원하고 박력이 넘친다. 명문 옥스퍼드를 우등생으로 졸업한 데다 작가, 대중 연설가로 활동한 경력이 있는 헤이그 장관의 연설에서 영국 영어의 또 다른 진수를 맛볼 수 있을 것이다.

 07-01

Thank you Nicola, and thank you also to my outstanding team in the Foreign and Commonwealth Office: Sayeeda Warsi, David Lidington, Hugo Swire, Alistair Burt, Mark Simmonds, Stephen Green and my PPS Keith Simpson. Please give all of them a round of applause.

And we should always thank our country's trusted diplomats, tireless aid workers, superb intelligence agencies and of course, as we already heard brave Armed Forces. They help Britain walk tall in the world and do immense good for others, so let's show our appreciation for them as well.

This summer when we hosted our inspirational Olympic and Paralympic Games we showed the world what Britain can do and what we stand for. Ours were the first Olympic Games in which women competed in every sport, the first Paralympics ever to be sold out, the first Olympic Truce which every UN member state supported, the first Games to be celebrated as the greenest ever, and the scene of Britain's greatest sporting success in over a hundred years. Visitors were bowled over by the warmth of our volunteers, by the good sportsmanship of our crowds, and by the brilliance of our ceremonies. And yes, let us be proud that it was one of ours, Seb Coe, who brought the Games to Britain and made them a triumph.

Check the Vocabulary

PPS (Parliamentary Private Secretary) 장관 보좌 의원 | **tireless** 지칠 줄 모르는 | **superb** 최고의, 최상의 | **immense** 엄청난 | **walk tall** 어깨를 펴고 다니다 | **be sold out** 매진되다

감사합니다, 니콜라. 저희 외무 연방부의 막강한 팀을 이루고 있는 사예다 와르시, 데이비드 리딩턴, 휴고 스와이어, 알리스테어 버트, 마크 시몬즈, 스테판 그린과 저의 의원 사설 비서인 키스 심슨에게도 감사의 말을 전합니다. 이분들에게 큰 박수를 부탁드립니다.

우리는 우리나라의 신뢰받고 있는 외교관들, 지칠 줄 모르는 구조대원들, 최고의 정보부 그리고 물론, 우리가 이미 들은 바와 같이, 용감한 국군에 대해 늘 감사해야 합니다. 이분들은 영국이 세계에서 어깨를 펴고 다닐 수 있게 하는 데 일조하고 다른 사람들을 위해 엄청난 선행을 하고 계십니다. 그래서 이분들에게도 우리의 감사하는 마음을 보여 줍시다.

감동적인 올림픽과 장애인 올림픽을 주최한 이번 여름, 우리는 영국이 무엇을 할 수 있고 우리가 무엇을 지지하는지 전 세계에 보여 주었습니다. 우리의 것은 여성들이 모든 스포츠에서 경쟁한 최초의 올림픽이었고, 표가 매진된 최초의 장애인 올림픽이었고, 모든 유엔 회원국이 지지한 최초의 올림픽 휴전이었고, 역사상 가장 환경친화적이라고 칭송받은 최초의 올림픽이었으며, 영국에서 100여 년 만에 가장 훌륭하게 스포츠가 성공한 장면이었습니다. 방문객들은 우리의 따뜻한 자원봉사자들, 우리 군중의 훌륭한 스포츠 정신 그리고 우리의 멋진 의식들에 놀랐습니다. 그리고, 네, 올림픽 개최권을 따내고, 올림픽이 대성공할 수 있도록 한 사람이 바로 우리 영국의 세바스찬 코였다는 것을 자랑스러워합시다.

Check the Vocabulary

bowl over 깜짝 놀라게 하다

 07-02

Our coalition government is determined to liberate that ingenuity and talent across our national life and to carry it all over the world. Whatever the crisis, whatever the danger, however steep the path, we in Britain should never be downhearted. Think of the immense assets and advantages that are ours.

The English language, connecting us to billions of people; links to every other nation on earth through our history and diverse society; skills in financial services, engineering, science and technology that are second to none; the British Council, BBC World Service and our historic universities beacons for democratic values around the world. And this is achieved, let us note, not by England, Wales, Scotland or Northern Ireland separately, but by the United Kingdom, including Scotland, together.

Check the Vocabulary

be determined to 각오하고 있다, ~하기로 결심하다 | **liberate** 해방시키다 | **ingenuity** 창의력 | **steep** 험난한 | **downhearted** 낙담한 | **asset** 자산 | **second to none** 누구에게도 뒤지지 않다

우리 연립정부는 우리 국민의 생활 전반에 걸쳐 있는 그 창의력과 재능을 발산되게 하여 전 세계로 운반할 각오가 되어 있습니다. 위기가 무엇이든, 위험이 무엇이든, 그 길이 아무리 험난할지라도, 영국에 있는 우리들은 절대로 낙담해서는 안 됩니다. 우리의 엄청난 자산과 이점들을 생각해 보십시오.

영어는 우리들을 수십억 명과 연결시켜 줍니다. 우리의 역사와 다양한 사회를 통해 전 세계 다른 나라들과 관계를 맺습니다. 금융 서비스, 공학, 과학, 그리고 기술은 세계 최고입니다. 영국 문화 협회, BBC 월드 서비스, 우리의 역사적 대학들은 전 세계에서 민주적 가치의 지표입니다. 그리고 이것은 영국, 웨일즈, 스코틀랜드, 또는 북아일랜드 따로따로가 아니라 스코틀랜드를 포함한 영국에 의해서 함께 성취되었다는 사실에 주목합시다.

Check the Vocabulary

beacon 지표

 07-03

Nor do we stand alone. We belong to NATO, the strongest military alliance the world has ever seen. We enjoy the benefits of the world's largest single market the European Union. We have our place in the 21st century's most diverse and vibrant network of nations, the Commonwealth. And we possess a bond with the United States of America that I believe must never break.

Many of our greatest successes have come from learning from and working with other countries in the world, so we should never be arrogant, never be complacent, and never be inward-looking. But these are some of the many means we have to seek out opportunity for our country, and always to be a force for good in our work with others.

Check the Vocabulary

vibrant 활기찬 | **inward-looking** 자기와 무관한 일에 관심이 없는

우리는 홀로 서 있지도 않습니다. 우리는 세계에서 가장 강력한 군사 동맹인 북대서양조약기구에 소속되어 있습니다. 우리는 세계 최대 단일 시장인 EU의 혜택을 누리고 있습니다. 우리는 21세기에서 가장 다양하고 활기찬 국가들로 구성된 네트워크인 영연방에서 우리의 자리를 갖고 있습니다. 그리고 제가 생각할 때 절대로 끊어져서는 안 되는 미국과의 유대를 유지하고 있습니다.

우리의 위대한 성공들의 대다수는 전 세계 다른 나라들로부터 배우거나 다른 나라들과 협력해서 이루어진 것입니다. 그래서 우리는 절대로 오만하지 말아야 하고, 현실에 안주하지 않아야 하며, 우리와 무관한 일에 무관심해서는 안 됩니다. 그러나 이런 것들은 우리나라를 위한 기회를 찾고 우리가 다른 사람들과 일하는 데 있어서 늘 좋은 일을 할 수 있는 힘이 되기 위해 우리가 갖고 있는 많은 수단들 중 일부입니다.

Ed Miliband's Speech
to Labour Party Annual Conference

에드 밀리밴드의 연례 노동당 의원총회 연설

2012년 10월 2일, 맨체스터

1969년생인 에드 밀리밴드(Ed Miliband) 현 노동당 당수는 2005년 이후 하원의원을 지내 왔으며 고든 브라운(Gordon Brown) 정권 때 각료로 일했고(2007-2010) 2010년 9월 25일 노동당 당수로 선출되었다. 옥스퍼드를 나오고, 미국 하버드 대학에서 경제학을 강의하기도 했던 밀리밴드 현 야당 지도자는 본 연설에서 메모 없이 한 시간 이상을 새로운 정책 제시는 거의 하지 않은 채 상당히 개인적인 연설 스타일로 연설을 진행했다. 홀을 꽉 메운 청중들에게 연설하는 동안 모두가 협력할 때 영국은 해낼 수 있다며 그 예로 올림픽과 제2차 세계대전의 정신을 들었다.

 08-01

I know who Britain, who I need to serve in Britain with my faith. It's the people I've met on my journey as Leader of the Opposition. The people who come up to me on trains, in the street, in shops who ask me about what the Labour Party is going to do for them and tell me the stories of their lives. It's for them, the people I have met on my journey as Leader of the Opposition that today's speech is for. You know I think of the young woman I met at a youth centre in London earlier this year. She was brimming with hopes and ambitions for the future. She was full of life. She was full of desire to get on and do the best for herself. And then she told me her story. She'd sent off her CV to 137 employers and she'd not had a reply from any of them. Many of you in this audience will know people in the same position. Just think how that crushes the hopes of a generation. I want to talk to her, to a whole generation of young people who feel that Britain under this Government is not offering them a future.

Check the Vocabulary

Opposition 야당 | **come up** 다가오다 | **brim with** ~로 가득 찬 | **ambition** 야망 | **full of life** 생기 발랄한 | **CV (curriculum vitae)** 이력서 | **crush** 부수다, 으깨다

저는 저의 신념을 갖고 영국에서 누구에게 봉사해야 하는지를 알고 있습니다. 그분들은 제가 야당 지도자로 여행하던 중 만났던 분들입니다. 이분들은 열차에서, 거리에서, 가게에서 저에게 다가와 노동당이 자신들을 위해 무엇을 할 것인가에 대해 물어보고 자신들의 이야기를 제게 말합니다. 오늘 제 연설은 제가 야당 지도자로 여행하던 중 만났던 분들을 위한 것입니다. 저는 올해 초 런던에 있는 유스센터에서 만났던 그 젊은 여성을 생각합니다. 그녀는 미래에 대한 희망과 야망으로 가득 찼었습니다. 그녀는 생기발랄했습니다. 그녀는 성공하고 싶은 욕망, 자신을 위해 최선을 다하고 싶은 욕망으로 가득 차 있었습니다. 그리고 그녀는 제게 자신의 이야기를 해 주었습니다. 137개 회사에 이력서를 보내 봤지만 이 중 어느 한 곳으로부터도 답장을 받지 못했답니다. 여기 나와 주신 청중들 중 많은 분들이 같은 처지에 있는 사람들을 알고 있을 겁니다. 그것이 한 세대의 희망을 어느 정도 꺾어 버리는지 생각해 보세요. 저는 그 여성에게, 이 정부가 집권하고 있는 영국이 그분들에게 미래를 제공하지 않고 있다고 생각하는 젊은 세대 모든 분에게 말씀드리고 싶습니다.

 08-02

I think back to the small businessman I met in July. A proud man called Alan Henderson, a small businessman. Let me tell you Alan Henderson's story: He'd spent 40 years building up his sign making business, 40 years. He told me his story, he went to see his bank manager in 1972 at his local high street bank, he got a loan and he started his business. But something terrible happened to Alan Henderson and his family a few years back. He was ripped off by the bank he had been with all that time and Alan Henderson and his family have been living through a nightmare ever since. I want to talk to him, and all the people of Britain who feel they're at the mercy of forces beyond their control.

Check the Vocabulary

think back to ~을 회상하다 | **high street bank** 일반 서민이나 중소기업 전문 은행 | **rip off** 사취하다 | **live through** ~을 겪다 | **at the mercy of** ~에 휘둘리는

저는 7월에 만난 소기업인을 회상합니다. 앨런 헨더슨이라고 하는 자부심이 강한 소기업인이었습니다. 여러분에게 앨런 헨더슨 이야기를 하겠습니다. 그는 간판 만드는 사업을 구축하면서 40년을 보냈습니다. 그는 제게 자신의 이야기를 했습니다. 그는 1972년에 자신이 살던 지역의 일반서민이나 중소기업 전문 은행 지점장을 만나러 가서 대출받고 사업을 시작했답니다. 그러나 몇 년 전 앨런 헨더슨과 가족에게 끔찍한 일이 발생했습니다. 그동안 거래해 왔던 그 은행에 사기당했고 이후 앨런 헨더슨과 그의 가족은 악몽을 겪어 왔습니다. 저는 어쩔 수 없이 힘에 휘둘린다고 생각하는 그 분과 모든 영국 국민에게 말씀드리고 싶습니다.

Check the Vocabulary

beyond one's control 통제 밖에 있는, 어쩔 수 없는

 08-03

I want to talk to all of the people of this country who always thought of themselves as comfortably off, but who now find themselves struggling to make ends meet. They ask: Why is it that when the oil prices go up, the petrol price goes up, but when the oil price comes down, the petrol price just stays the same? They ask: Why is it that the gas and electricity bills just go up and up and up? And they ask: Why is it that the privatised train companies can make hundreds of millions of pounds in profit at the same time as train fares are going up by 10% a year? They ask, they ask why is it. They think the system just doesn't work for them. And you know what? They're right. It doesn't. It doesn't work for them but for the cosy cartels and powerful interests that government hasn't cut down to size. I want to talk to them and all the millions of people across our country who don't think they get a fair crack of the whip.

Check the Vocabulary

comfortably off 부족한 것이 없는 | **make ends meet** 수입과 지출의 균형을 맞추다 | **privatised** 민영화된 | **cozy cartel** 유착된 기업연합 | **cut down to size** 적당한 크기로 잘라 놓다

저는 자신들이 항상 부족한 것이 없다고 생각했지만 지금은 빚을 지지 않고 살아가려고 애쓰는 이 나라 모든 국민들과 대화하고 싶습니다. 국민들은 묻습니다: 유가가 올라갈 때, 휘발유 값이 올라가면서 유가가 내려갈 때 휘발유 값은 왜 그대로 유지되나요? 국민들은 묻습니다: 가스비와 전기료가 그냥 올라가고 올라가고 올라가는 것은 왜 그런 건가요? 그리고 국민들은 묻습니다: 열차요금이 연 10% 올라감과 동시에 민영화된 열차 회사들은 수억 파운드의 이익을 남길 수 있는데, 그건 왜 그런 건가요? 국민들은 이유를 묻습니다. 그들은 그 제도가 그들을 위해 기능하지 않는다고 생각합니다. 그거 아세요? 그분들 생각이 맞습니다. 그 제도가 그들에게는 맞지 않습니다만 정부가 적당한 크기로 잘라 놓지 않은 유착된 기업 연합과 강력한 이익 집단들에게는 맞습니다. 저는 그분들과 공정한 기회를 얻지 못하고 있다고 생각하는 전국의 수백만 국민들과 대화를 나누고 싶습니다.

Check the Vocabulary

get a fair crack of the whip 공정한 기회를 얻다

 08-04

And I want to say to them, yes our problems are deep. But they can be overcome. Deep problems about who Britain is run for and who prospers within it. One rule for those at the top, another rule for everybody else. Two nations, not one. I want to say to them today it's not the Britain you believe in. It's not the Britain I believe in. It's not the Britain this party will ever be satisfied with. So friends we're going to change it. And here's how.

My faith that we can, starts with the inner strength of us as a country. You see the problem isn't the British people, just think about the Olympics and Paralympic games. It was a triumph for Britain. And why did we succeed? We succeeded because of our outstanding athletes from Zara Phillips, the grand-daughter of a parachuting Queen, to a boy born in Somalia, called Mo Farah. Mo Farah. A true Brit. And a true hero to our country.

Check the Vocabulary

inner strength 정신력 | **triumph** 성공, 승리 | **outstanding** 뛰어난 | **Brit** 영국인

저는 그분들에게 말씀드리고 싶습니다. 네, 우리의 문제는 심각합니다. 그러나 이 문제들은 극복될 수 있습니다. 영국이 누구를 위해 운영되는가와 그 안에서 누가 번성하는가에 대한 심각한 문제들, 최상위에 있는 사람들을 위한 하나의 규칙과 다른 모든 사람들을 위한 또 다른 규칙, 하나의 국가가 아니라 두 개의 국가 말입니다. 저는 오늘 그분들에게 그것은 여러분이 믿는 영국이 아니라는 것을 말씀드리고 싶습니다. 그것은 제가 믿는 영국이 아닙니다. 그것은 이 당이 만족하게 될 영국이 아닙니다. 그래서 친구들이여, 우리는 그것을 변화시킬 것입니다. 방법은 이렇습니다.

우리가 할 수 있다는 저의 믿음은 한 국가로서 우리가 갖고 있는 정신력에서 시작됩니다. 그러니까, 문제는 영국 국민이 아닙니다. 올림픽과 장애인 올림픽을 생각해 보세요. 그것은 영국의 대성공입니다. 우리는 왜 성공했을까요? 우리가 성공한 이유는 하늘에서 내려온 여왕의 손녀인 Zara Phillips에서 Mo Farah라고 불리는 진정한 영국인, 우리나라의 진정한 영웅인 소말리아 태생의 한 소년에 이르는 우리의 뛰어난 운동선수들 때문입니다.

 08-05

We succeeded, we succeeded because of the outstanding volunteers, the Games Makers who are here with us today, all 70,000 Games makers. They put a mirror up to Britain and showed us the best of ourselves. We succeeded because of our outstanding troops, our outstanding troops, many of whom were drafted in at the last minute. And let us today pay tribute to their bravery, their courage, their sacrifice in Afghanistan and all round the world. And let's say to them, and let's say to them, just as you do your duty by us in the most courageous way possible so we will always do our duty by you, both in military and in civilian life.

We succeeded, we succeeded because of our outstanding police and let us in this city of Manchester show our appreciation for what the extraordinary police men and women of our country do for our country.

And we succeeded, and we succeeded and this is a real lesson, we succeeded because of a group of individuals, a group of individuals who saw the odds against London's bid and thought, never mind the odds, we are gonna pioneer the bid for London, we are gonna fight for the bid for London, we are gonna win the bid for London, from Seb Coe to our very own Dame Tessa Jowell.

Check the Vocabulary

They put a mirror up to Britain. 그들이 영국을 보게 했다. | **draft** 징집하다 | **courageous** 용감한 | **odds against** ~에게 불리함 | **bid** (올림픽) 유치

우리는 오늘 이 자리에 우리와 함께해 주신 총 70,000명에 달하는 훌륭한 자원봉사자들 때문에 성공했습니다. 이분들이 영국을 보게 하여 우리들에게 최상의 우리 모습을 보여 주었습니다. 우리는 우리의 훌륭한 국군 때문에 성공했습니다. 이들 중 상당수는 마지막 순간에 징집되었습니다. 그리고 오늘 아프가니스탄과 전 세계에서 그들이 보여 준 용맹, 용기, 희생에 대해 경의를 표합시다. 그리고 그분들에게 이렇게 말합시다. 여러분이 우리를 지키기 위해 할 수 있는 최대한의 용기로 여러분이 해야 할 의무를 다하듯이, 우리는 언제나 군과 민간인 생활에서 여러분을 지키기 위해 우리의 의무를 다할 것이라고…

우리는 우리의 뛰어난 경찰 때문에 성공했습니다. 그래서 이 맨체스터 시에서 영국의 뛰어난 남녀 경찰관들이 우리나라를 위해 하는 일에 우리의 감사를 표합시다.

우리는 성공했습니다. 이것이 진정한 교훈입니다. 우리는 일단의 개인들 때문에 성공했습니다. 세바스찬 코부터 테사 조웰 여사까지, 런던의 유치 가능성이 없었음에도 불구하고 불리함에 개의치 않고 런던 유치를 개척하고, 그것을 위해 싸워 따낼 생각을 한 일단의 개인들 때문에 성공했습니다.

Check the Vocabulary

Dame 영국에서 남자의 Sir에 해당하는 훈장을 받은 여성의 직함

 08-06

And you know what friends, we succeeded, because of one reason more than any other, we succeeded because of us. We succeeded because of us, us the British people, us the British people who welcomed the athletes from abroad, who cheered them on. Who found ourselves talking to each other each morning about what had happened at the Olympics the night before, in a way that we hadn't talked to each other before. We succeeded because we came together as a country we worked together as a country. We joined together as a country. That's why we achieved more than we imagined possible.

You know, I'll just tell you this. I can't remember a time like it in the whole history of my lifetime. I can't remember a time like it, that sense of a country united, that sense of a country that felt it was together. That is the spirit this Labour Party believes in.

Check the Vocabulary

cheered somebody on ~을 응원하다

친구들이여, 그거 아십니까? 우리는 무엇보다도 한 가지 이유 때문에 성공했습니다. 우리는 우리 때문에 성공했습니다. 우리는 우리 때문에, 우리 영국 국민 때문에, 외국 선수들을 환영하고 그들을 응원한 우리 영국 국민 때문에 성공했습니다. 매일 아침, 전날 올림픽에서 무슨 일이 벌어졌는지 과거에 서로 말하지 않았던 방식으로 서로 서로 대화를 나눈 우리 영국 국민 때문에 성공했습니다. 우리는 하나의 국가로서 하나가 되어 일했고 하나의 국가로서 서로 협력했기 때문에 성공한 겁니다. 우리는 하나의 국가로서 동참했습니다. 이것이 우리가 상상할 수 있는 것 이상을 성취한 이유입니다.

이것만 말씀드리겠습니다. 저는 여태까지 살아오면서 이와 같은 때를 기억하지 못합니다. 저는 이와 같이 한 나라가 뭉쳤다는 느낌, 나라가 하나가 되었다고 느꼈던 때를 기억하지 못합니다. 그게 이 노동당이 신봉하는 정신입니다.

Nick Herbert's Speech on Criminal Justice Reform

닉 허버트의 형사 사법 개혁 연설

2010년 6월 23일, 런던

영국 보수당 정치인이자 하원의원인 닉 허버트(Nick Herbert)는 경찰 및 형사 사법부 장관을 역임했다. 2000년 두뇌집단 Reform의 책임자로 임명되었으며 하원은 2005년에 입성했다. 그가 책임자로 있었던 State for Police and Criminal Justice 부처의 하는 일을 잠시 살펴보면,

1. 형사 사법제도에 대한 전략적인 감독
2. 내무부, 사법부와의 합동 업무
3. 형사 사건 재심리 위원회 후원
4. 인권 및 시민의 자유 문제 처리 등이 있다

닉 허버트는 의원에 당선된 후 자신이 동성애자라고 밝혔으며, 동성 혼인관계인 제이슨 이디스(Jason Eades)와 애런델에서 살고 있다.

 09-01

The Prime Minister has stated clearly the principles that underpin the Coalition's programme for government: freedom, fairness and responsibility. Those principles should run through our approach to law and order and criminal justice reform.

Freedom is a vital precondition of a safe society. We will be clear-sighted about the importance of civil liberties, understanding that our security is founded on them. We cannot rely on more laws to make us more law-abiding. That is why we will introduce a Freedom Bill, to restore freedoms and civil liberties, rolling back the State by reducing impositions on individual citizens and restoring freedoms such as the right to non-violent protest. And that is why we have already introduced a Bill to scrap ID cards.

But it isn't just individual freedom from an over-powerful State that has been under threat, but the social freedom that comes from living in a safe community. A society that is safer for ordinary citizens is one where they have freedom from crime and the fear of crime. When crime and anti-social behaviour go unchallenged, whole neighbourhoods can become no-go areas where innocent residents lose ownership and feel unable to live the life they choose. Reducing crime and rebuilding confidence is as much about restoring people's freedom as it is about providing security.

Check the Vocabulary

state ~을 분명히 말하다 | **underpin** 밑에서 떠받치다 | **clear-sighted** 판단력이 있는 | **law-abiding** 법을 준수하는 | **roll back the State** 국가의 규제를 줄이다 | **imposition** 부담, 도입

총리는 자유, 공정 및 책임이라는 연립 정부 프로그램의 기초가 되는 원칙들을 분명히 밝혔습니다. 이 원칙들은 법과 질서와 형사사법개혁에 대한 우리의 접근방식을 통해 고려되어야 합니다.

자유는 안전한 사회를 위한 전제 조건입니다. 우리는 우리의 안보가 그것들에 바탕을 둔다는 것을 이해하면서 시민 자유의 중요성에 대해 판단력을 지닐 것입니다. 시민들이 더 법을 준수하게 하는 것을 더 많은 법에 의존할 수는 없습니다. 그것이 우리가 자유와 시민의 기본적 인권을 회복하기 위해 자유 법안을 제출해서 개개 시민에 대한 부담을 줄이고 비폭력 시위에 대한 권리와 같은 자유를 회복시킴으로써 국가의 규제를 줄이는 이유입니다. 그것이 우리가 신분증을 폐지하기 위한 법안을 이미 제출한 이유입니다.

그러나 위협받아 온 것은 지나치게 강력한 국가로부터의 개인적인 자유뿐만이 아니라 안전한 사회에서의 삶에서 비롯되는 사회적 안전입니다. 보통 시민들에게 더 안전한 사회는 그들이 범죄로부터 자유롭고 범죄의 공포에서 해방되는 사회입니다. 범죄와 반사회적 행동을 문제 삼지 않고 그냥 넘기게 되면, 그 근처 일대는 무고한 주민들이 소유권을 잃고 그들이 선택한 삶을 살 수 없다고 느끼게 되는 접근 금지 구역이 될 수 있습니다. 범죄를 줄이고 신뢰를 재건하는 것은 안전을 제공하는 것과 관계가 있기도 하지만 개인의 자유를 회복시키는 것과도 큰 관계가 있습니다.

Check the Vocabulary

scrap 폐기하다 | **go unchallenged** 문제 되지 않고 넘어가다 | **no-go area** 위험한 지역

Crime is also a social justice issue. We can all be victims. But those of us who are better off live in safer areas, while the poorest in society suffer by far the worst crime. And social problems of absent parents, childhood abuse, drug and alcohol addiction, mental illness and poor education all blight the lives of too many young offenders. A fairer society requires effective crime reduction.

Reducing crime through better policing, punishment and rehabilitation, and through working with partners outside the criminal justice system entirely, ensures that everyone, including the poorest in our society, can live in safety and security. Ensuring we have early and targeted crime prevention for those most at risk also ensures that those who are in danger of turning to crime can be steered towards a different path and choose to live a better life. So our determination to tackle crime and reform the criminal justice system is rooted in a progressive ideal.

Check the Vocabulary

better-off 부유한 | **addiction** 중독 | **mental illness** 정신질환 | **blight** 망치다, 엉망으로 만들다 | **offender** 범죄자 | **reduction** 감소, 축소 | **policing** 방범 | **rehabilitation** 갱생 | **steer** 이끌다

범죄는 또한 사회 정의 문제입니다. 우리는 누구나 희생자가 될 수 있습니다. 그러나 우리 중에 부유한 사람들은 더 안전한 지역에서 사는 반면, 사회의 극빈자들은 훨씬 최악의 범죄를 당하게 됩니다. 그리고 부모의 부재, 어린 시절의 학대, 마약 및 알코올 중독, 정신 질환과 부실 교육과 같은 사회 문제들은 전부 다 너무나 많은 어린 범죄자들의 삶을 망치고 있습니다. 더 공정한 사회라면 효과적으로 범죄를 줄여야 합니다.

더 나은 방범, 처벌 및 갱생을 통해, 그리고 범죄 정의 시스템과 전혀 관계없는 협력자들과의 협력을 통해 범죄를 줄이는 것은 우리 사회의 극빈자들을 포함한 모든 사람들을 안전하고 안정되게 살 수 있게 합니다. 우리가 대단히 위험한 사람들을 대상으로 조기에 선별적으로 예방하면 범죄에 빠져들 위험이 있는 사람들을 다른 길로 이끌어 더 나은 삶을 선택할 수 있게 합니다. 그래서 범죄를 해결하고 범죄 정의 시스템을 개혁하려는 우리의 의지는 진보적인 이상에 뿌리를 두고 있습니다.

Check the Vocabulary

progressive 진보적인

 09-03

Individual and social responsibility is the third and in many ways the most important principle that we will apply to the criminal justice reform. An effective criminal justice system should be based on a fair apportioning of personal responsibility. Offenders need to know that their actions have consequences.

Without proper boundaries, there is an all-too-familiar escalation from childhood misdemeanours to juvenile anti-social behaviour to adult criminality. Children at risk of offending are not made to face the consequences of their actions. As a result, they grow up without ever learning to respect the law, authority and the community in which they live. We need to become comfortable again with the notion of punishment as a consequence of anti-social behaviour. And the criminal justice system must reinforce responsibility and ensure that offending always has consequences which are visible to the law-abiding majority.

We need to insist that offenders accept their responsibilities: by paying back to society and victims; by making reparation, including participating in restorative justice where appropriate; by working in community payback and completing the task, and by earning their release from prison rather than expecting early release.

Check the Vocabulary

apportion 나누다, 분할하다 | **boundary** 경계 | **misdemeanour** 경범죄 | **juvenile** 청소년의 | **visible** 눈에 보이는 | **reparation** 배상 | **restorative justice** 회복적 사법제도

개개인의 책임과 사회적 책임은 세 번째이자 여러 면에서 우리가 범죄 정의 개혁에 적용하게 될 가장 중요한 원칙입니다. 효과적인 범죄 정의 시스템은 개인의 책임을 공정하게 나누는 것에 기초해야 하고 범죄자들은 그들의 행위에는 결과가 따른다는 것을 알아야 합니다.

적절한 경계가 없으면 유년기 경범죄에서 청소년기 반사회적 행동으로, 성인기 범죄 행위로 너무 친숙한 심화현상이 일어납니다. 범죄를 저지를 위험이 있는 어린이들이 행위에 따른 결과에 직면하지 않게 됩니다. 그 결과, 그들은 법, 권위 그리고 그들이 사는 사회에 대한 존중을 배우지 못한 채 성장합니다. 우리는 반사회적 행위의 결과로서 처벌한다는 개념에 다시 만족해야 합니다. 그리고 범죄 정의 시스템은 책임을 강화시키고 범법행위에는 법을 준수하는 다수에게 보이는 결과가 항상 따르게 해야 합니다.

우리는 범죄자들이 그들의 책임을 받아들여야 한다고 주장해야 합니다. 사회와 희생자들에게 보상하고, 적절한 곳에서는 회복적 사법제도에 참여하는 등의 배상을 하고, 지역공동체에서 봉사하여 임무를 완수하고, 조기 석방을 기대하기보다는 역할을 다한 후에 교도소에서 출소하면서 말이죠.

Check the Vocabulary

community payback 지역 봉사

 09-04

But individual responsibility is only one side of the coin. Social responsibility is the other, and it's also vital to safer communities. We need to ensure that parents take responsibility for their children's behaviour. We need to ensure that schools have the responsibility and power to enforce discipline.

The Integrated Offender Management approach in Bristol aims for a collective responsibility for a safer city: police, probation, local businesses and offenders themselves taking responsibility for their actions. Our review of the licensing laws will ensure that businesses accept their responsibilities to prevent binge drinking.

The Coalition's programme for government speaks of 'a Big Society matched by big citizens.' Part of that means fostering a resurgence in community activism to galvanise action by local groups, encouraging communities to share responsibility for making their neighbourhoods safer.

This is not about the State shirking its responsibilities, but precisely the opposite — the State firmly supporting people to do the right thing. In the 1950s there were 67,000 Special Constables — nearly five times the number today. There are already three and a half million people involved with Neighbourhood Watch. We have not begun to fulfil the potential of social action to help tackle crime.

Check the Vocabulary

probation 보호 관찰 | **licensing laws** 주류 판매법 | **binge drinking** 폭음 | **foster** 촉진하다, 육성하다 | **resurgence** 부활 | **galvanise** 자극하여 ~시키다 | **shirk** 회피하다 | **constable** 경찰관

그러나 개인의 책임은 동전의 한 면일 뿐입니다. 사회적 책임은 다른 면인데 이것 또한 더 안전한 사회에 필수적입니다. 우리는 부모들이 그들 자녀의 행동에 책임을 지게 해야 합니다. 우리는 학교가 풍기를 단속할 책임과 힘을 갖게 해야 합니다.

브리스톨의 범죄자 통합 관리 접근법은 더 안전한 도시를 위한 집단 책임을 지향합니다. 즉, 경찰, 보호 관찰, 지역 기업들 및 범죄자들이 자신들의 행위에 대해 책임을 지는 겁니다. 주류판매법에 대한 우리의 검토는 폭음을 막기 위해 기업들이 책임을 받아들이게 할 것입니다.

연립정부 프로그램은 '거대 시민들에 견줘지는 거대 사회'를 말합니다. 부분적으로는 지역단체들의 행동을 자극해서 지역사회가 그들의 지역을 더 안전하게 하기 위한 책임을 공유하게 하는 지역 적극행동주의의 부활을 촉진한다는 것을 의미합니다.

이것은 국가가 국가의 책임을 회피한다는 것이 아니라 정확히 말해서 정반대로 국민이 옳은 일을 하도록 국가가 강력히 지원하는 겁니다. 1950년대에 67,000명의 임시 경찰관이 있었는데 이는 현재의 숫자보다 거의 다섯 배입니다. 350만 명 이상이 이미 자경단 체제에 가담해 있습니다. 우리는 범죄 해결을 돕기 위한 사회적 행동의 잠재력을 발휘하기 시작하지 않았습니다.

Check the Vocabulary

Neighbourhood Watch 자경단

David Cameron's
First Speech as Prime Minister

데이비드 캐머런의 총리 취임 연설

2010년 5월 11일, 다우닝가 10번지

2013년 현재 영국 총리와 보수당 당수를 맡고 있는, 위트니 선거구의 하원의원이다. 짧은 정치 경력에도 불구하고 2010년 영국 총선거에서 보수당을 승리로 이끌면서, 43세의 젊은 나이에 총리직에 올랐다. 옥스퍼드 대학교에서 철학, 정치학 및 경제학을 공부하면서, 최우수학위(first class honours)를 획득하였다.

2010년 5월 7일에 실시한 영국 의회 총선에서 보수당이 37.8%의 지지율로 노동당을 제치고 원내 제1당이 되는 데에는 성공했지만 과반을 차지하지 못해 헝 의회(Hung Parliament - 절대 다수당이 없는 의회)가 되었다. 그 후 57석을 차지한 자유민주당과 연정 논의를 하였고, 5월 12일 자유민주당은 보수당 연정에 참여하여 보수당-자유민주당 연립정부가 구성되었다.

미국의 오바마 대통령은 재선 당선 소감에서 '최고의 날들은 아직 오지 않았다'며 미국 국민들을 기대에 부풀게 했는데 캐머런 영국 총리는 '최고의 날들이 아직도 앞에 놓여 있다'며 국민들에게 기대와 희망의 메시지를 보내고 있다.

 10-01

Her Majesty the Queen has asked me to form a new government and I have accepted.

Before I talk about that new government, let me say something about the one that has just passed. Compared with a decade ago, this country is more open at home and more compassionate abroad and that is something we should all be grateful for and on behalf of the whole country I'd like to pay tribute to the outgoing prime minister for his long record of dedicated public service.

In terms of the future, our country has a hung parliament where no party has an overall majority and we have some deep and pressing problems — a huge deficit, deep social problems, a political system in need of reform. For those reasons I aim to form a proper and full coalition between the Conservatives and the Liberal Democrats. I believe that is the right way to provide this country with the strong, the stable, the good and decent government that I think we need so badly. Nick Clegg and I are both political leaders that want to put aside party differences and work hard for the common good and for the national interest. I believe that is the best way to get the strong government that we need, decisive government that we need today.

Check the Vocabulary

compassionate 인정 많은 | **outgoing** 떠나가는 | **hung parliament** 절대 다수당이 없는 의회 | **pressing** 긴급한 | **deficit** 적자 | **coalition** 연립 | **put aside** 제쳐 놓다, 무시하다

여왕 폐하께서 새 내각을 구성하라고 요청하셨고, 저는 그 요청을 받아들였습니다.

새 정부를 논하기 전에 이제 막 끝난 정부에 대해 말씀드리겠습니다. 10년 전과 비교해 이 나라가 국내로는 더 개방되었고 국외에서는 더 인정을 베푸는 나라가 된 데 대해 우리는 감사해야 할 것입니다. 저는 온 국민을 대신하여 오랜 기간 공직에서 헌신적으로 봉사해 오신 전임 총리에게 감사의 말을 전합니다.

우리나라의 미래에 대해서 말씀드리자면, 우리나라는 의회에 절대 다수당이 없고 몇몇 심각하고 긴급한 문제들을 갖고 있습니다 – 엄청난 적자, 심각한 사회 문제들, 개혁을 필요로 하는 정치 체계 말입니다. 이런 이유들 때문에 저는 보수당과 자유민주당 간에 적절하고 완전한 연립 정부를 구성할 생각입니다. 저는 그것이 이 나라에 강하고, 안정되며, 훌륭하고 근사한 정부를 제공하는 올바른 방법이라고 믿습니다. 우리에게는 이런 정부가 절실히 필요하다고 생각합니다. 닉 클레그와 저 둘 다 당의 이견을 무시하고 공익과 국익을 위해 노력하고자 하는 정치지도자들입니다. 저는 그것이 우리가 필요로 하는 강한 정부, 우리가 오늘날 필요로 하는 단호한 정부를 만드는 최선책이라고 믿습니다.

Check the Vocabulary

common good 공동의 이익

 10-02

I came into politics because I love this country. I think its best days still lie ahead and I believe deeply in public service. And I think the service our country needs right now is to face up to our really big challenges, to confront our problems, to take difficult decisions, to lead people through those difficult decisions, so that together we can reach better times ahead. One of the tasks that we clearly have is to rebuild trust in our political system. Yes that's about cleaning up expenses, yes that is about reforming parliament, and yes it is about making sure people are in control — and that the politicians are always their servant and never their masters. But I believe it is also something else. It is about being honest about what government can achieve. Real change is not what government can do on its own — real change is when everyone pulls together, comes together, works together, where we all exercise our responsibilities to ourselves, to our families, to our communities and to others.

Check the Vocabulary

lie ahead 기다리고 있다, 앞에 놓여 있다 | **on its own** 홀로 | **pull together** 협력하다 | **exercise** 완수하다, 수행하다

제가 정치에 입문한 것은 조국을 사랑하기 때문입니다. 저는 이 나라에는 여전히 최고의 날들이 기다리고 있다고 생각하며 공직의 가치를 깊이 신봉하고 있습니다. 그리고 저는 우리나라에게 지금 필요한 봉사는 우리에게 정말로 큰 도전들에 맞서고, 문제들을 직면하고, 어려운 결정들을 정하고 그 어려운 결정들을 통해 사람들을 이끄는 것이며, 이를 통해 다 함께 더 나은 기회를 얻을 수 있다고 생각합니다. 우리가 분명하게 갖고 있는 과제 중 하나는 우리 정치체계에 대한 신뢰를 다시 쌓는 것입니다. 그렇습니다, 그것은 비용을 깨끗이 하는 것에 관한 것입니다. 그렇습니다, 그것은 의회 개혁에 관한 것입니다. 그렇습니다, 그것은 사람들이 통제하게 하는 것이며 정치인들은 언제나 국민의 하인이지 결코 국민의 주인이 아니게 하는 것에 관한 것입니다. 그러나 저는 그것은 또한 다른 어떤 것이라고 생각합니다. 그것은 정부가 성취할 수 있는 것에 대해 정직해야 한다는 것입니다. 진정한 변화는 정부 홀로 할 수 있는 것이 아닙니다 – 진정한 변화는 모두가 힘을 모으고, 함께 일하며, 협력할 때입니다. 우리 모두 우리 자신에 대한, 우리 가족에 대한, 우리 사회 등에 대한 우리의 책임을 완수하는 곳입니다.

 10-03

And I want to help try and build a more responsible society here in Britain. One where we don't just ask what are my entitlements, but what are my responsibilities. One where we don't ask what am I just owed, but more what can I give. And a guide for that society — that those that can should, and those who can't we will always help. I want to make sure that my government always looks after the elderly, the frail, the poorest in our country. We must take everyone through us on some of the difficult decisions we have ahead.

Above all it will be a government that is built on some clear values. Values of freedom, values of fairness, and values of responsibility. I want us to build an economy that rewards work. I want us to build a society with stronger families and stronger communities. And I want a political system that people can trust and look up to once again. This is going to be hard and difficult work. A coalition will throw up all sorts of challenges. But I believe together we can provide that strong and stable government that our country needs based on those values — rebuilding family, rebuilding community, above all, rebuilding responsibility in our country. Those are the things I care about. Those are the things that this government will now start work on doing.

Thank you very much.

Check the Vocabulary

entitlement 권리 | **look after** 돌보다 | **frail** 허약한 | **look up to** 존경하다

저는 여기 영국에 더 책임을 지는 사회를 세우는 데 일조하고 싶습니다. 우리가 나의 권리가 무엇인지를 묻는 것이 아니라 나의 책임이 무엇인지를 묻는 사회를, 내가 무엇을 가질 수 있는가를 묻는 것이 아니라 내가 무엇을 더 줄 수 있는가를 묻는 사회를 말입니다. 그리고 그런 사회의 가이드가 되어 사람들이 할 수 있고 해야 하는데 할 수 없는 사람들을 우리는 늘 도울 것입니다. 저는 저희 정부가 우리나라의 노인들, 허약한 사람들, 가난한 사람들을 항상 돌보게 하고 싶습니다. 우리는 우리를 통해 모든 사람들이 우리 앞에 놓여 있는 일부 어려운 결정들에 대해 알게 해야 합니다.

무엇보다도 그것은 일부 분명한 가치들에 기반을 둔 정부일 것입니다. 자유, 공정 그리고 책임의 가치를 말입니다. 저는 우리가 일에 대가를 지불하는 경제를 세우기를 바랍니다. 저는 우리가 더 튼튼한 가정과 더 튼튼한 공동체를 가진 사회를 구축하기를 바랍니다. 저는 국민이 다시 한번 신뢰하고 존경할 수 있는 정치체계를 원합니다. 이것은 힘들고 어려운 일이 될 것입니다. 연합 정부가 모든 종류의 도전들을 쏟아 놓을 것입니다. 하지만 저는 함께 노력해서 가정을 다시 세우고, 사회를 다시 세우고, 특히 우리나라에서 책임감을 다시 세우는 그런 가치들을 토대로 우리 영국이 필요로 하는 강하고 안정된 정부를 제공할 수 있다고 믿습니다. 이런 것들이 저의 관심사입니다. 이 정부는 지금 이런 일들에 착수하게 될 것입니다.

대단히 감사합니다.

Gordon Brown's Farewell Speech

고든 브라운의 고별사

2010년 5월 11일, 다우닝가 10번지

제임스 고든 브라운(James Gordon Brown, 1951년 2월 20일~)은 영국의 전 총리이다. 2007년 6월 27일에 임명되어 2010년 5월 11일에 퇴임하였다. 스코틀랜드 글래스고에서 출생하여 1972년 에딘버러 대학교에서 문학 석사를 취득하였고, 1982년에는 철학 박사 학위를 받았다. 국회에 입성하기 전에 대학 강사와 저널리스트로 활약하였다. 1997년부터 2007년까지 토니 블레어 정권에서 재무장관을 지내며, 일찌감치 총리 후보로 거론되었다. 블레어 총리가 사임하자, 그 뒤를 이어 총리에 취임하였다. 그러나 2010년에 실시된 총선에서 보수당이 압승하자 총리직을 사임하였다. 대학 강사 출신이라 학자라는 이미지가 풍기고, 재무장관으로서 국가 경제의 수장을 역임해 지적인 명연설가로 알려져 있다. 재임기간이 3년도 채 안 되는 단임으로 끝난 총리로서 회한이 많았을 것이다. 책의 구성에 다채로움을 기하기 위해 의도적으로 총리 고별사를 집어넣었다.

 11-01

As you know, the general election left no party able to command a majority in the House of Commons. I said I would do all that I could to ensure a strong, stable and principled government was formed, able to tackle Britain's economic and political challenges effectively. My constitutional duty is to make sure that a government can be formed following last Thursday's general election. I have informed the Queen's private secretary that it is my intention to tender my resignation to the Queen. In the event that the Queen accepts, I shall advise her to invite the leader of the Opposition to seek to form a government. I wish the next prime minister well as he makes the important choices for the future. Only those that have held the office of prime minister can understand the full weight of its responsibilities and its great capacity for good.

Check the Vocabulary

House of Commons 하원 | **principled** 원칙에 기초를 둔 | **constitutional** 헌법의 | **general election** 총선거 | **tender** 제출하다 | **in the event that** ~할 경우에는

아시다시피 총선 결과 하원에서 어느 당도 다수당을 차지하지 못했습니다. 저는 영국의 경제적, 정치적 도전들을 효과적으로 해결하기 위해 강하고, 안정되며, 원칙이 있는 정부가 구성되도록 제가 할 수 있는 모든 것을 다하겠다고 말한 바 있습니다. 저의 헌법상 의무는 지난 목요일 총선 이후 정부가 구성될 수 있게 하는 것입니다. 저는 여왕의 개인 비서에게 여왕께 사표를 제출할 생각이라고 전했습니다. 여왕께서 사표를 수리하실 경우, 저는 야당 지도자를 초청하여 정부 구성을 모색하시라고 여왕께 조언을 드릴 생각입니다. 저는 미래를 위한 중요한 선택을 하는 차기 총리가 잘되기를 바랍니다. 총리직을 맡았던 사람들만이 총리직의 책임에 대한 전적인 부담과 선한 일을 할 수 있는 강한 능력을 이해할 수 있습니다.

 11-02

I have been privileged to learn much about the very best in human nature and a fair amount too about its frailties, including my own. Above all, it was a privilege to serve. And yes, I loved the job not for its prestige, its titles and its ceremony — which I do not love at all. No, I loved the job for its potential to make this country I love fairer, more tolerant, more green, more democratic, more prosperous and more just — truly a greater Britain. In the face of many challenges in a very few short years, challenges up to and including the global financial meltdown, I have always strived to serve, to do my best in the interest of Britain, its values and its people.

And let me add one thing also. I will always admire the courage I have seen in our armed forces. And now that the political season is over, let me stress that having shaken their hands and looked into their eyes, our troops represent all that is best in our country and I will never forget all those who have died in honour and whose families today live in grief. My resignation as leader of the Labour party will take effect immediately. And in this hour I want to thank all my colleagues, ministers, Members of Parliament. And I want to thank above all my staff, who have been friends as well as brilliant servants of the country.

Check the Vocabulary

frailty 나약함 | **prestige** 위신, 명성 | **green** 친환경적인 | **just** 공정한 | **up to and including** 이하의 | **meltdown** 끝장남, 몰락, 붕괴 | **in the interest of** ~을 위해 | **admire** 존경하다, 감탄하다

최고의 인간성에 대해 많이 배우고 저 자신을 포함한 인간의 나약함에 대해서도 많이 배우게 되어 영광이었습니다. 무엇보다도 국민에 대한 봉사는 특권이었습니다. 네 그렇습니다. 저는 그것의 위신, 직함과 격식 때문에 그 일을 사랑한 것이 아닙니다. 저는 이런 것들을 전혀 좋아하지 않습니다. 저는 제가 사랑하는 이 나라를 더 공정하고, 더 관대하고, 더 친환경적이고, 더 민주적이고, 더 번영하고, 더 정의로운 – 실로 더 위대한 영국이 되게 할 수 있는 그 잠재력 때문에 일을 사랑했습니다. 저는 겨우 2, 3년 동안 세계 금융 위기 이하의 많은 도전들에 맞서 영국, 영국의 가치 및 영국 국민들을 위해 최선을 다해 봉사하려고 노력해 왔습니다.

한마디 더 하겠습니다. 저는 우리 군에서 제가 본 용기에 경의를 표합니다 이제 정치 시즌은 끝났습니다. 저는 그들과 악수하고 그들의 눈을 쳐다본 우리 군이 이 나라의 가장 좋은 점을 모두 전형적으로 보여 준다고 강조합니다. 명예롭게 숨을 거둔 모든 분들과 지금도 슬픔 속에 살아가는 유가족들을 결코 잊지 못할 것입니다. 노동당 총재로서의 저의 사임은 즉시 효력을 발휘합니다. 지금 저는 저의 모든 동료들, 각료들, 의원님들에게 감사의 말을 전하고 싶습니다. 그리고 무엇보다도 나라의 훌륭한 공무원이었을 뿐만 아니라 친구가 되어 주었던 저의 전 직원들에게 감사드립니다.

Check the Vocabulary

armed forces 국군 장병 | **grief** 슬픔

🎧 11-03

Above all, I want to thank Sarah for her unwavering support as well as her love, and for her own service to our country. I thank my sons John and Fraser for the love and joy they bring to our lives. And as I leave the second most important job I could ever hold, I cherish even more the first – as a husband and father.

Thank you and goodbye.

Check the Vocabulary

unwavering 동요하지 않는, 확고한 | **cherish** 소중히 하다

무엇보다도, 그녀의 사랑과 우리나라에 대한 그녀의 봉사뿐만 아니라 변함없이 지지를 보내준 새라에게 고마움을 전합니다. 우리의 삶에 사랑과 기쁨을 가져온 제 아들들 존과 프레이저에 고맙다는 말을 하고 싶습니다. 제가 가질 수 있는 두 번째로 가장 중요한 직책에서 물러나는 저는 이제 남편과 아버지라는 첫 번째 직책을 더욱 소중히 여길 것입니다.

감사합니다. 안녕히 계십시오.

Jacqui Smith's Speech to Labour Party Annual Conference

재키 스미스의 연례 노동당 의원총회 연설

2008년 9월 21일, 맨체스터

1962년생인 재키 스미스(Jacqui Smith)는 영국 노동당 하원의원이자 내무장관이었다. 여성 최초로 내무장관을 역임한 그녀는 마거릿 대처 총리, 마거릿 베켓 외무장관에 이어 영국 역사상 세 번째로 주요 각료직을 맡은 여성이다. 고든 브라운 총리가 2007년 6월 28일 첫 번째 개각을 단행했을 때 내무장관으로 발탁되었는데, 내무장관직을 맡은 지 하루 만에 런던에서 폭탄이 발견되고 이튿날 글래스고에서 테러 공격이 발생했다. 카랑카랑한 목소리로 똑 소리 나게 연설하는 모습이 너무나도 인상적이어서 30연설 리스트에 올려놓았다. 정통 영국식 발음 공부에 많은 도움이 되는 연설문이다.

 12-01

Thank you, Chair, and thank you, Conference. It's been a really good debate this morning. I'm pleased that my great ministerial team — Tony McNulty, Liam Byrne, Meg Hillier, Vernon Coaker and Alan West — been here to listen as well this morning.

Conference, there are few more fundamental rights than our right to safety and security. That was brought home to me very quickly, very clearly, just after Gordon gave me this job, with attacks on London and Glasgow. As those hours and days unfolded, I was struck by the bravery and professionalism of our emergency services — including police officers, who we remember this Sunday on Police Memorial Day.

But above all, I was impressed by the calm and steadfast reaction of the British public. First impressions last, they say. And they have crystallised for me a deep sense of why this right to safety and security is so important. It's the foundation in which our way of life is grounded, in all its variety and diversity. And it's the platform on which our values and our freedoms rest. Tolerance, and respect for others. A deep-rooted sense of fair play. The belief that together we can make a difference. The free expression of these values is what we wish to protect. It's because we share these values that we will seek consensus on new measures to counter the threat of terrorism.

Check the Vocabulary

be struck by ~에 감명받다 | **steadfast** 확고부동한 | **crystallise** 명확하게 하다, 구체화하다 | **grounded** 기초를 둔 | **platform** 강령, 정강 | **seek consensus** 의견 합의를 모색하다

감사합니다, 의장님. 감사합니다, 참석자 여러분. 오늘 아침 정말 좋은 토론이었어요. 저희 부처의 훌륭한 팀원들인 토니 맥너티, 리암 바이런, 메그 힐리어, 버논 코커, 앨런 웨스트가 오늘 아침 이 토론을 경청하기 위해 이 자리에 나와 주셔서 기쁩니다.

참석자 여러분, 우리의 안전과 안보에 대한 권리보다 더 기본적인 권리는 거의 없습니다. 런던과 글래스고에 대한 공격으로 고든 총리가 저에게 이 자리를 준 직후 저는 그것을 매우 빨리, 매우 분명히 절감했습니다. 공격 이후 시간이 지나면서, 저는 우리의 비상 대책 부처들의 용맹함과 전문직업 의식에 감명받았습니다 – 이분들 중에는 이번 일요일, 경찰 현충일에 우리가 추모하는 경찰관들도 포함되어 있습니다.

그러나 무엇보다도 저는 영국 대중들의 침착하고 흔들리지 않는 반응에 감명받았습니다. 사람들은 첫인상이 기억에 남는다고 말합니다. 그들의 첫인상은 저에게 안전과 안보에 대한 이 권리가 그토록 중요한 이유에 대한 깊은 의식을 확고하고 명확하게 해 주었습니다. 이것은 다양한 우리의 삶의 방식이 자리 잡고 있는 토대입니다. 그리고 이것은 우리의 가치와 자유가 기초를 두는 기반입니다. 관용과 다른 사람들에 대한 존중, 깊이 뿌리 박힌 페어플레이 정신, 우리가 함께 변화를 가져올 수 있다는 믿음을 말입니다. 이런 가치들에 대한 자유로운 표현이 우리가 보호하고자 하는 것입니다. 우리가 테러 위협에 대응하기 위해 새로운 조치에 대한 의견 합의를 모색하게 되는 것은 우리가 이러한 가치들을 공유하기 때문입니다.

Check the Vocabulary

measures 조치, 정책 | **counter** 대응하다

 12-02

At the same time, we will do more to support communities as they build understanding and prevent extremism. Delivering security isn't just a challenge that is confined to countering terrorism. It also means protecting our identity, securing our borders, ensuring that people can feel safe in their homes and their neighbourhoods as well, so that they and their families can get on with their lives. And we are making progress.

Violent crime at its lowest for a decade. Record numbers of police, working with thousands of community support officers. The chances of being a victim of crime at their lowest for 25 years. Of course, tragic events rightly make us question if we're doing all we can. But to suggest — as David Cameron and David Davis have — that Britain is a broken society, that there is anarchy on our streets, is just plain wrong. The two Davids. What a pair they make. While one was on manoeuvres with the Territorial Army, the other was plotting midnight raids on Eton's tuck shop. One's famous for his stranglehold grip. The other wants to be known for hugging hoodies. But I'll tell you what. Neither of them has got a grip on crime — on its causes, or on its consequences. Whose interests does it serve to wilfully ignore the progress that is being made? What sort of politics is it to incite fear and alarm? So I've a suggestion for the theme tune for the Tories' conference next week. It's not "Anarchy in the UK." It's "Pretty Vacant." But they won't deflect us from getting on with our job.

Check the Vocabulary

rightly 당연하게, 마땅하게 | **anarchy** 무정부 상태 | **plot** 음모를 꾸미다 | **raid** 기습, 급습 | **tuck shop** 과자점 | **stranglehold grip** 목을 조르듯 강력한 통제 | **wilfully** 고의로

동시에 우리는 이해를 구축하고 극단주의를 예방하는 공동체들을 지원하기 위해 더 많은 조치를 취할 것입니다. 안보의 제공은 테러 대응에만 한정되는 도전이 아닙니다. 이것은 또한 우리의 정체성을 보호하고, 우리의 국경을 지키고, 사람들이 자신들의 집과 지역에서도 안전하다고 느낄 수 있게 하여 그들과 그들의 가족들이 생활을 계속해 나갈 수 있다는 것을 의미합니다. 그리고 우리는 나아지고 있습니다.

폭력 범죄는 10년 동안 최저 수준입니다. 기록적인 수치의 경찰들이 수천 명의 지역 지원 관리들과 함께 일하고 있습니다. 범죄의 희생자가 될 가능성은 25년 동안 최저치입니다. 물론 비극적인 사건들이 우리가 할 수 있는 모든 것을 다하고 있는지 우리에게 질문을 던지게 하는 것은 당연합니다. 그러나 데이비드 캐머런과 데이비드 데이비스가 말한 대로 영국은 고장 난 사회이며 우리의 거리를 무정부 상태로 보는 것은 분명히 잘못된 것입니다. 두 명의 데이비드. 이들은 정말 흥미로운 한 쌍입니다. 한 사람은 영국 국방 의용군에서 작전 중이었고, 다른 한 사람은 이튼 과자점에 대한 한밤중 기습을 음모하고 있었습니다. 한 사람은 목 조르듯 강력하게 통제하는 것으로 유명합니다. 다른 한 사람은 지방의 사람들과 허물없이 소통하는 것으로 유명해지고 싶어 합니다. 그러나 제 말 좀 들어 보세요. 이분들 중 어느 누구도 범죄를 억제하지 못했습니다 – 그것의 원인이나 결과를 파악하지 못했습니다. 진전되고 있는 것을 고의로 무시한다면 누구에게 이득이 되는 겁니까? 공포와 불안을 일으키는 것은 어떤 종류의 정치입니까? 그래서 저는 다음 주 열리는 토리당 회의 때 부를 테마곡을 하나 제안합니다. 그건 'Anarchy in the UK'가 아닙니다. 그건 'Pretty Vacant' 입니다. 그러나 그들이 일을 계속해 나가는 우리들을 빗나가게 하지는 못할 것입니다.

Check the Vocabulary

incite 유발하다, 자극하다 | **theme tune** 테마 곡 | **deflect** 빗나가게 하다, 벗어나게 하다

J.K. Rowling's 2008 Harvard Commencement Speech

J.K. 롤링의 2008년 하버드 졸업 연설

2008년 6월 5일, 하버드 대학

〈해리 포터〉 시리즈의 작가로 유명한 조앤 캐슬린 롤링(Joanne Kathleen Rowling, 1965년 7월 31일~)은 영국의 아동문학 작가이다. 〈해리 포터〉 시리즈는 현재까지 67개국 언어로 번역되어 총 4억 5000만 부가 팔리는 등 출판 사상 유례없는 대성공을 거두었다. 또한 워너브라더스와 영화 제작 계약을 하여 2001년 〈해리 포터와 마법사의 돌〉을 시작으로 2011년 마지막 시리즈인 〈해리 포터와 죽음의 성물 2부〉까지 10년 동안 총 8편의 영화로 제작되며, 영화관 입장권 판매로만 약 74억 달러(약 8조 3800억 원) 이상의 엄청난 수입을 거두었다. 영화의 엄청난 흥행 성공과 더불어 그녀 역시 2004년 미국 포브스가 선정한 '세계 최고 부자' 리스트에 첫 등장했으며, 현재 롤링의 재산은 47억 달러(약 5조 원 이상)이라고 한다. 2008년 하버드 대학에서 명예 문학박사 학위를 받은 롤링의 연설에서 정통 영국식 발음을 느껴 보자.

 13-01

One of the greatest formative experiences of my life preceded Harry Potter, though it informed much of what I subsequently wrote in those books. This revelation came in the form of one of my earliest day jobs. Though I was sloping off to write stories during my lunch hours, I paid the rent in my early 20s by working at the African research department at Amnesty International's headquarters in London.

There in my little office I read hastily scribbled letters smuggled out of totalitarian regimes by men and women who were risking imprisonment to inform the outside world of what was happening to them. I saw photographs of those who had disappeared without trace, sent to Amnesty by their desperate families and friends. I read the testimony of torture victims and saw pictures of their injuries. I opened handwritten, eye-witness accounts of summary trials and executions, of kidnappings and rapes.

Many of my co-workers were ex-political prisoners, people who had been displaced from their homes, or fled into exile, because they had the temerity to speak against their governments. Visitors to our offices included those who had come to give information, or to try and find out what had happened to those they had left behind.

Check the Vocabulary

formative 형성의 | **slope off** 도망치다 | **scribble** 휘갈겨 쓰다, 낙서하다 | **imprisonment** 투옥, 구속 | **trace** 흔적 | **testimony** 증언 | **torture** 고문 | **account** 이야기 | **summary trial** 약식 재판

제 인생에서 가장 큰 경험을 쌓은 것 중 하나는 해리 포터 이전에 발생했습니다만 그것은 제가 그 후 쓴 책들의 내용에 많이 스며들어 갔습니다. 이 폭로는 저의 직장생활 초기의 형태로 나왔습니다. 이야기를 쓰기 위해 점심시간에 몰래 빠져나오고 있었지만, 저는 20대 초반 임대료는 런던에 위치한 국제사면위원회 본부의 아프리카 연구부에서 일한 돈으로 지불했습니다.

그곳에 있는 저의 조그만 사무실에서 저는 전체주의 정권들에서 몰래 넘겨져 온 급히 휘갈겨 쓴 편지들을 읽었습니다. 투옥의 위험을 무릅쓴 사람들이 자신들에게 어떤 일이 벌어지고 있는지 외부 세계에 알리기 위해 쓴 편지들입니다. 저는 흔적도 없이 사라진 사람들의 사진을 봤는데 이 사진들은 절망적인 가족과 친구들에 의해 사면위원회에 발송된 것이죠. 저는 고문 희생자들의 증언을 읽고 그들이 입은 상처가 찍힌 사진들을 봤습니다. 저는 손으로 쓴 약식 기소와 즉결 처형, 납치와 강간에 대한 목격자들의 이야기를 열었습니다.

저의 동료직원들 중 상당수는 과거에 정치범이었습니다. 이들은 무모하게도 정부에 대항하는 말을 했다고 해서 조국에서 강제 추방되었거나 조국을 떠나 망명했던 분들이죠. 저희 사무실 방문객들 중에는 정보를 주기 위해 오신 분들이나 그분들이 남겨 놓고 떠난 사람들에게 무슨 일이 발생했는지 알려고 한 분들이 포함되었습니다.

Check the Vocabulary

execution 처형 | **kidnapping** 납치 | **rape** 강간 | **displace** 추방하다 | **exile** 망명, 도피 | **temerity** 무모, 무분별

 13-02

I shall never forget the African torture victim, a young man no older than I was at the time, who had become mentally ill after all he had endured in his homeland. He trembled uncontrollably as he spoke into a video camera about the brutality inflicted upon him. He was a foot taller than I was, and seemed as fragile as a child. I was given the job of escorting him back to the Underground Station afterwards, and this man whose life had been shattered by cruelty took my hand with exquisite courtesy, and wished me future happiness.

And as long as I live I shall remember walking along an empty corridor and suddenly hearing, from behind a closed door, a scream of pain and horror such as I have never heard since. The door opened, and the researcher poked out her head and told me to run and make a hot drink for the young man sitting with her. She had just had to give him the news that in retaliation for his own outspokenness against his country's regime, his mother had been seized and executed.

Check the Vocabulary

tremble 떨다 | **fragile** 허약한, 약한 | **shatter** 산산이 부수다, 박살내다 | **exquisite** 아름다운, 우아한 | **scream** 비명 | **poke out** 내밀다 | **in retaliation for** ~에 대한 보복으로

저는 그 당시 저보다 나이가 많지 않은 한 젊은 남자인 아프리카의 고문 피해자를 결코 잊지 못할 것입니다. 이분은 자신의 조국에서 그가 겪은 고통으로 정신질환자가 되었습니다. 그는 자신에게 입힌 무자비한 만행에 대해 비디오카메라에 말하면서 통제가 안 될 정도로 몸을 떨었습니다. 그는 저보다 1피트나 키가 컸지만 어린아이처럼 허약해 보였습니다. 나중에 이분을 지하철역까지 에스코트하는 일이 저에게 주어졌는데, 잔혹행위로 자신의 삶이 산산이 부서진 이분은 아름다운 예의를 갖추며 제 손을 잡고는 저의 미래의 행복을 기원하셨습니다.

저는 빈 복도를 따라 걷다가 닫힌 문 뒤에서 갑자기 그 후에는 들어 본 적이 없는 것 같은 고통과 공포의 비명소리를 들었던 때를 평생 잊지 못할 것입니다. 문이 열렸고 연구원은 머리를 내밀면서 자신과 같이 앉아 있는 그 젊은 남자에게 빨리 뜨거운 음료를 만들어 주라고 말했습니다. 그녀는 그분이 자신의 나라의 정부를 노골적으로 비난한 데에 대한 보복으로 그분의 어머니가 체포되어 처형되었다는 소식을 그분에게 전해야 했습니다.

Check the Vocabulary

outspokenness 거리낌 없음 | **regime** 정권 | **seize** 체포하다

 13-03

Every day of my working week in my early 20s I was reminded how incredibly fortunate I was, to live in a country with a democratically elected government, where legal representation and a public trial were the rights of everyone. Every day, I saw more evidence about the evils humankind will inflict on their fellow humans, to gain or maintain power. I began to have nightmares, literal nightmares, about some of the things I saw, heard, and read. And yet I also learned more about human goodness at Amnesty International than I had ever known before.

Amnesty mobilises thousands of people who have never been tortured or imprisoned for their beliefs to act on behalf of those who have. The power of human empathy, leading to collective action, saves lives, and frees prisoners. Ordinary people, whose personal well-being and security are assured, join together in huge numbers to save people they do not know, and will never meet. My small participation in that process was one of the most humbling and inspiring experiences of my life. Unlike any other creature on this planet, human beings can learn and understand, without having experienced. They can think themselves into other people's places.

Check the Vocabulary

legal representation 법정 대리 | **public trial** 공개 재판 | **Amnesty International** 국제사면위원회 | **mobilise** 동원하다 | **on behalf of** ~을 위해, ~을 대표하여 | **empathy** 공감

저는 20대 초반 매주 근무하는 날마다 제게는 믿기지 않을 정도로 행운이 있다고 되새겼습니다. 민주적으로 선출된 정부를 가진 나라에서 살고 있으며, 이곳은 법적인 대리와 공개 재판이 모든 사람의 권리이니 말입니다. 매일 저는 권력을 얻고 유지하기 위해 인간이 동료 인간들에게 가하게 될 악행에 대해 더 많은 증거를 봤습니다. 저는 제가 보고 듣고, 읽은 것들의 일부에 대한 악몽, 문자 그대로 악몽들을 꾸기 시작했습니다. 그러나 저는 또한 국제사면위원회에서 인간의 선량함에 대해 전에 알았던 것보다 더 많이 배웠습니다.

사면위원회는 고문당했거나 투옥당한 사람들을 대신하여 일하는 것에 대한 자신들의 소신 때문에 고문이나 투옥당한 적이 없는 수천 명의 사람들을 집결시킵니다. 집단적인 행위로 이어지는 인간 공감의 힘이 인명을 구하고 수감자들을 석방시킵니다. 개인적인 행복과 안전이 보장되는 엄청난 수의 보통 사람들이 동참하여 자신들이 알지 못하고 만나지도 못하게 될 사람들을 구합니다. 그 과정에 저의 작은 참여는 제 인생에서 저를 가장 겸허하게 만든 감동적인 경험들 중 하나였습니다. 이 지구상의 어느 다른 생물체와는 달리, 인간들은 경험하지 않고도 배우고 이해할 수 있습니다. 인간들은 자신들이 다른 사람들의 입장에 있다고 생각해 볼 수 있습니다.

Check the Vocabulary

humbling 겸허하게 하는 | **inspiring** 감동시키는

Tony Blair's Speech
to Launch the Faith Foundation

토니 블레어의 종교 재단 출범 연설

2008년 5월 30일, 토니 블레어 종교 재단 사무실 토니 블레어(Tony Blair)는 영국이 낳은 위대한 명연설가 중 한 명이다. 총리직을 세 번이나 연임한 블레어 총리는 옥스퍼드 대학 법학부를 나온 뒤 노동당에 입당하고 법정 변호사로 일했다. 1983년 30세의 젊은 나이에 하원의원에 당선된다. 1987년 입각하고 7년 뒤인 1994년에 당수의 자리에 오른다. 변호사 출신이라 원래 말을 잘하기도 하지만 특히 대중 연설 시 좀처럼 실수하지 않기로 유명하다. 하지만 옥스퍼드를 나온 변호사 출신이라고 해서 그가 원래부터 그렇게 말을 잘한 것은 아니다. 그가 행한 1990년 전당대회에서의 첫 연설은 차마 눈뜨고 볼 수 없을 정도의 수준 미달이었다고 한다. 위대한 연설가로 인정받기까지에는 엄청난 노력이 있었음에 틀림없다.

🎧 14-01

Last month in Westminster Cathedral, I set out the purpose of the Tony Blair Faith Foundation. It will concern itself with the six leading faiths: Christian, Muslim, Hindu, Buddhist, Sikh and Jewish. Today we launch the first of a series of partnerships to give effect to that purpose.

Let me describe the reason for this Foundation. The world is undergoing tumultuous change. Globalisation, underpinned by technology, is driving much of it, breaking down barriers, altering the composition of whole communities, even countries and creating circumstances in which new challenges arise that can only be met effectively together. Interdependence is now the recognised human condition.

So, the characteristic of today's world is change. The consequence is a world opening up, and becoming interdependent. The conclusion is that we make sense of this interdependence through peaceful co-existence and working together to resolve common challenges.

Check the Vocabulary

cathedral 대성당 | **give effect to** ~을 실시하다 | **tumultuous change** 격동의 변화 | **break down barriers** 장벽을 무너뜨리다 | **alter** 바꾸다 | **interdependence** 상호 의존

지난달 웨스트민스터 대성당에서 저는 토니 블레어 신앙재단의 목적을 상세히 밝혔습니다. 토니 블레어 신앙재단은 6대 주요 종교인 기독교, 이슬람교, 힌두교, 불교, 시크교, 유대교에 관심을 갖게 될 것입니다. 오늘 우리는 그 목적을 실행하기 위한 일련의 동반자 관계 중 첫 번째에 착수합니다.

이 재단의 발족 이유를 설명드리겠습니다. 세계는 격동의 변화를 겪고 있습니다. 기술에 의해 뒷받침된 세계화가 이러한 변화의 많은 부분을 담당했습니다. 장벽을 무너뜨리고, 공동체 전체, 심지어 국가들의 구성까지 변화시키고, 함께해야만 효과적으로 대처할 수 있는 새로운 도전들이 발생하는 상황을 만들어 냈습니다. 이제 상호의존은 받아들여진 인간의 생활입니다.

그래서 오늘날의 세계의 특성은 변화입니다. 결과는 개방되고 상호 의존하게 되는 세계입니다. 결론은 평화적인 공존과 함께 협력을 통해 공통된 도전들을 해결하기 위해 이러한 상호의존을 이해하는 것입니다.

Check the Vocabulary

co-existence 공존 | **resolve** 해결하다

🎧 14-02

In turn, this requires an attitude, a state of mind, an emotional as well as an intellectual response consistent with this conclusion. A sentiment that we are members of a global community as well as individual nations means that we must be in a sense global citizens as well as citizens of our own country.

All this may sound impossibly idealistic.

But if the analysis of the nature of the world is changed it is as I set out, then it is in fact the only practical way to organise our affairs. And in this way idealism becomes the new realism.

This is especially so since the world is changing in other ways too. Power is shifting east. The centre of gravity of political interest and political power is moving. The emergence of China and India, has been obvious, in prospect, for years. Now it is here in our lives, in practical impact. And not just in the Far East, but in the near East too.

Check the Vocabulary

in a sense 어떤 의미에서는 | **shift** 이동하다 | **emergence** 출현, 부상

결국, 이것은 태도, 마음의 상태, 이러한 결론과 일치하는 지적이고 감정적인 반응을 요구합니다. 우리가 개별적인 국가일 뿐만 아니라 지구촌 구성원이라는 생각은 어떤 의미에서 우리는 우리나라의 시민일 뿐만 아니라 세계 시민이어야 한다는 것을 의미합니다.

이 모든 것이 불가능하게 이상주의적으로 들릴지도 모릅니다.

그러나 세계의 속성에 대한 분석이 제가 설명한 대로 변한다면, 사실 그것이 우리의 정부가 하는 일을 조직하는 유일한 실용적인 방법입니다. 그리고 이 방법으로 이상주의가 새로운 현실주의가 됩니다.

이것은 특히 세계가 다른 면에서도 변하고 있기 때문에 그렇습니다. 힘이 동쪽으로 이동하고 있습니다. 정치적 이해와 정치적 권력의 무게 중심이 이동하고 있습니다. 중국과 인도의 부상은 지나고 나서 보니 수년 동안 명백해졌습니다. 지금 그것이 여기 우리의 일상생활에서 실질적으로 영향을 주고 있습니다. 극동에서뿐만 아니라 근동에서도 말이죠.

 14-03

We just think of an institution like the G7; think of when it was founded and think of its membership; if it were invented today, think how different that membership would be. The 20th Century order is history. There is a new reality and we have to come to terms with it. And it implies, at its fundamentals, peaceful co-existence or catastrophe.

Into this new world, comes the force of religious faith. Gallup have kindly made available for me today, the latest polling information in their rolling poll of religious attitudes, which is a hugely important source of analysis.

Most Christians want better relations between Christianity and Islam but believe most Muslims don't. Most Muslims want better relations but believe most Christians don't. Most Americans, for example, think most Muslims do not accept other religions. My view is that you cannot understand the modern world unless you understand the importance of religious faith. Faith motivates, galvanises, organises and integrates millions upon millions of people.

Check the Vocabulary

G7 서방 7개 선진국(미국, 일본, 영국, 프랑스, 독일, 이탈리아, 캐나다) | **catastrophe** 대참사, 재난 | **motivate** 동기를 부여하다 | **galvanise** 활기를 불어넣다 | **integrate** 통합하다

G7 같은 단체를 생각해 보십시오. 그것이 언제 창설되었는지와 그것의 구성원들을 생각해 보십시오. 그것이 오늘 만들어졌다면, 그 회원국이 얼마나 다를 것인가를 생각해 보십시오. 20세기 이치는 역사입니다. 새로운 현실이 있고 우리는 그것을 받아들여야 합니다. 그리고 그것의 근본은 평화적인 공존 아니면 파멸한다는 것을 의미합니다.

이 새로운 세계에 신앙의 힘이 들어왔습니다. 저는 친절하게도 갤럽조사 결과를 오늘 볼 수 있었습니다. 시간이 지나면서 바뀐 그들의 종교적 입장에 관한 최근 여론 조사를 볼 수 있었는데, 이것은 대단히 중요한 분석 자료입니다.

대부분의 기독교도들은 기독교와 이슬람교 간에 더 나은 관계를 원하지만 대부분의 이슬람교들이 원치 않는다고 생각합니다. 대부분의 이슬람교도들은 더 나은 관계를 바라지만 대부분의 기독교도들이 원치 않는다고 생각합니다. 예를 들어 대부분의 미국인들은 대부분의 이슬람교도들이 다른 종교들을 받아들이지 않는다고 생각합니다. 제 견해로는 여러분이 신앙의 중요성을 이해하지 못하면 현대 세계를 이해할 수 없다고 봅니다. 신앙은 무수히 많은 사람들에게 동기를 부여하고, 활기를 불어넣어 주고, 조직하고 통합시켜 줍니다.

Check the Vocabulary

millions upon millions of 무수히 많은

 14-04

Here is the crucial point. Globalisation is pushing people together. Interdependence is reality. Peaceful co-existence is essential. If faith then becomes a countervailing force, pulling people apart, then it becomes destructive and indeed dangerous.

If, by contrast, it becomes an instrument of peaceful co-existence, teaching people to live with difference, to treat diversity as a strength, to respect "the other," then Faith becomes an important part of making the 21st Century work. It enriches, it informs, it provides a common basis of values and belief for people to get along together.

I believe, as someone of Faith myself that religious faith has a great role to play in an individual's life.

But even if I didn't, even if I was of no faith, I would still believe in the central necessity of people of faith learning to live with each other in mutual respect and peace.

That is, if you like, the "why" of the Foundation. Now for the "what." There are many excellent meetings, convocations, conferences and even organisations that work in the inter-faith area. We do not want to replicate what they do.

Check the Vocabulary

crucial 중요한, 결정적인 | **countervail** 무효로 하다 | **by contrast** 대조적으로 | **get along together** 의좋게 지내다 | **have a role to play** ~할 역할을 맡는다 | **convocation** 집회

중요한 점은 이겁니다. 세계화는 사람들을 한데 붙입니다. 상호 의존은 현실입니다. 평화적인 공존은 꼭 필요합니다. 신앙이 무효로 만드는 힘이 되어 사람들을 갈라놓으면, 그것은 파괴적이 되고 실로 위험해집니다.

대조적으로 그것이 평화적인 공존의 수단이 되어 사람들이 차이를 수용하고, 다양성을 힘으로 여기고, 상대방을 존중하도록 가르친다면, 신앙은 21세기가 잘되게 하는 중요한 부분이 됩니다. 그것은 풍요롭게 해 주고, 알려 주며 사람들이 함께 잘 지낼 수 있도록 가치와 신념의 공통된 기반을 제공합니다.

저 자신도 신앙인으로서 신앙은 개인 생활에 중요한 역할을 합니다.

그러나 제가 믿음이 없을지라도, 제가 믿음이 없을지라도, 저는 여전히 믿음이 있는 사람들이 서로 존중하고 평화롭게 사는 것을 배워야 할 근본적 필요성을 믿습니다.

그것이 정말로 재단이 존재하는 이유입니다. 자, 그들이 하는 일에 대해 말씀드리자면, 많은 훌륭한 모임, 집회, 회의 심지어 종파를 초월한 영역에서 일하는 단체들이 있습니다. 우리는 그들이 하는 일을 복제하고 싶지 않습니다.

Check the Vocabulary

inter-faith 종파를 초월한 | **replicate** 복제하다

 14-05

We do not want to engage in a doctrinal inquiry.

We do not want to subsume different faiths in some universal faith of the lowest common denominator.

We want to show faith in action. We want to produce greater understanding between faiths through encounter. We want people of one faith to be comfortable with those of another because they know what the other truly believes, not what they thought they might believe.

So, to summarise, the possibilities of a world of change are enormous.

This is a century rich in potential to solve problems, provide prosperity to all, to overcome longstanding issues of injustice that previously we could not surmount.

But it only will work if the values which inform the change are values that unify and do not divide. Religious faith has a profound role to play. For good or for ill.

The Tony Blair Faith Foundation will try to make it for good.

Check the Vocabulary

doctrinal 교리상의, 주의의 | **subsume** 포섭시키다 | **lowest common denominator** 최소공통분모 | **encounter** 만남 | **surmount** 극복하다 | **unify** 통합하다 | **profound** 엄청난, 완전한

우리는 교리 연구에 참여하고 싶지 않습니다.

우리는 최소 공통분모를 가진 어떤 보편적인 종교에 다른 종교들을 포섭시키고 싶지 않습니다.

우리는 행동에 대한 믿음을 보여 주고 싶습니다. 우리는 만남을 통해 종교 간 더 큰 이해를 낳고 싶습니다. 우리는 한 종교를 믿는 사람들이 또 다른 종교를 믿는 사람들에 대해 편안하기를 바랍니다. 왜냐하면 그들은 다른 사람들이 믿을 것이라고 생각하는 것이 아니라 다른 사람이 진정으로 믿는 것을 알기 때문입니다.

그래서 요약하자면, 변화의 세계의 가능성은 엄청납니다.

지금은 문제를 해결하고, 모든 사람들에게 번영을 제공하고, 전에는 이겨낼 수 없었던 오랜 부정의 문제들을 극복할 수 있는 잠재력이 풍부한 세기입니다.

그러나 그것은 변화를 알리는 가치가 통합하고 분열하지 않는 가치일 때만 효과를 볼 것입니다. 종교적 신념은 큰 역할을 맡았습니다. 좋든 나쁘든 간에 말이죠.

토니 블레어 신앙재단은 선한 목적을 성취하기 위해 노력할 것입니다.

Check the Vocabulary

for good or for ill 좋든 나쁘든 간에

Tony Blair's London Bombing Speech

토니 블레어의 런던 폭탄 테러 연설

2005년 7월 7일, 스코틀랜드 퍼스셔

영국의 심장부 런던이 테러 공격을 받은 후 있었던 이 연설에서 토니 블레어 총리는 내내 몹시 충격받은 모습으로 연설한다. 말미에 '테러를 저지르는 자들은 우리의 가치와 우리의 삶의 방식을 지키려는 우리의 결의가 무고한 사람들에게 죽음과 파괴를 야기하겠다는 그들의 결의와 이 세계에 극단주의를 강요하려는 그들의 욕망보다 더 강하다는 것을 깨닫는 것이 중요하다'고 말함으로써 테러 공격에 대해 강력히 대응하겠다는 의지를 결연하게 표현하고 있다.

 15-01

It's reasonably clear that there have been a series of terrorist attacks in London. There are obviously casualties, both people that have died and people seriously injured. Our thoughts and prayers are of course with the victims and their families.

It's my intention to leave the G8 within the next couple of hours and go down to London and get a report, face to face with the police and the emergency services and the ministers that have been dealing with this, and then to return later this evening.

It is the will of all the leaders of the G8, however, that the meeting should continue in my absence, that we should continue to discuss the issues that we were going to discuss and reach the conclusions which we were going to reach.

Each of the countries around that table have some experience of the effects of terrorism. And all the leaders, as they will indicate a little bit later, share our complete resolution to defeat this terrorism.

Check the Vocabulary

prayer 기도 | **face to face** 마주 보고, 마주 앉아 | **in my absence** 내가 없어도

런던에서 일련의 테러공격이 있었음은 아주 분명한 사실입니다. 명백하게도 사상자가 발생해서 사망자도 있고, 중상자도 있습니다. 당연히 우리의 마음과 기도를 희생자들과 유가족들에게 전합니다.

앞으로 2시간 내에 G8 회담 장소를 떠나 런던으로 가서 이 사태를 처리해 온 경찰, 비상대책 부처 및 각료들로부터 직접 보고를 받고 오늘 저녁 늦게 돌아올 생각입니다.

그러나 제가 없어도 회담은 계속되어야 하고, 우리가 논의해서 결론에 이르기로 되었던 문제들에 대한 논의는 계속되어야 한다는 것이 모든 G8 정상들의 뜻입니다.

테이블에 둘러앉았던 각 국가들은 테러리즘의 피해에 대해 경험이 좀 있습니다. 그래서 각국 정상들은, 잠시 후 표명하게 될 것입니다만, 이 테러리즘을 물리치겠다는 온전한 다짐을 공유하고 있습니다.

🎧 15-02

It's particularly barbaric that this has happened on a day when people are meeting to try to help the problems of poverty in Africa and the long-term problems of climate change and the environment.

Just as this is reasonably clear that this is a terrorist attack, or a series of terrorist attacks, it's also reasonably clear that it is designed and aimed to coincide with the opening of the G8.

There will be time to talk later about this. It's important, however, that those engaged in terrorism realise that our determination to defend our values and our way of life is greater than their determination to cause death and destruction to innocent people and a desire to impose extremism on the world.

Whatever they do, it is our determination that they will never succeed in destroying what we hold dear in this country and other civilised nations throughout the world.

Thank you.

Check the Vocabulary

barbaric 야만적인 | **coincide with** ~과 동시에 일어나다 | **engage in** ~에 종사하다, ~에 참여하다 | **impose** 강요하다 | **extremism** 극단주의 | **hold dear** 소중하게 여기다

사람들이 아프리카의 빈곤, 기후 변화와 환경이라는 장기적 문제들을 돕기 위해 회담을 하는 날 이런 사태가 발생했다는 것은 특히 야만적인 일입니다.

이것이 한 테러분자의 공격이나 일련의 테러 공격임이 분명하다면, 이 테러 공격은 또한 G8의 개회 시기를 맞추기 위해 계획된 것임이 아주 분명합니다.

이것에 대해 나중에 논의할 시간이 있을 것입니다. 그러나 테러를 저지르는 자들은 우리의 가치와 우리의 삶의 방식을 지키려는 우리의 결의가 무고한 사람들에게 죽음과 파괴를 야기하겠다는 그들의 결의와 이 세계에 극단주의를 강요하려는 그들의 욕망보다 더 강하다는 것을 깨닫는 것이 중요합니다.

그들이 무슨 짓을 하든, 그들은 이 나라와 전 세계의 다른 문명국가들이 소중하게 여기는 것을 파괴하는 데 결코 성공하지 못할 것이라는 것이 우리의 결의입니다.

감사합니다.

Check the Vocabulary

civilised nation 문명국가

Tony Blair's General Election Victory Speech

토니 블레어의 총선 승리 소감

2005년 5월 6일, 다우닝가 10번지

토니 블레어 총리의 3기 취임연설이다. 총리의 취임사는 눈앞의 청중뿐만 아니라 라디오와 TV, 인터넷을 통해 전 국민이 시청한다고 생각하고 연설하기 때문에 당연히 철저히 준비하고 연습했을 것이다. 정통 영국식 발음을 구사하고 의미 단위로 정확하게 끊어 발음하는 토니 블레어 총리의 말투 하나하나를 흉내 내 보는 훈련을 거듭하다 보면 영국식 영어와 발음에 자신을 갖게 될 것이다.

 16-01

As you know I've just come from Buckingham Palace where the Queen has asked me to form a new government which I will do. It's a tremendous honour and privilege to be elected for a third term and I'm acutely conscious of that honour and that privilege.

When I stood here first, eight years ago, I was a lot younger but also a lot less experienced. Today as well as having in our minds the priorities that people want, we — I — the government, has the experience and the knowledge, as well as the determination and commitment to deliver them. But the great thing about an election is that you go out, you talk to people for week upon week and I've listened and I've learnt and I think I've a very clear idea of what the British people now expect from this government for a third term. And I want to say to them very directly that I — we — the government, are going to focus relentlessly now on the priorities the people have set for us.

Check the Vocabulary

commitment 의지 | **relentlessly** 냉혹하게, 가차없이

아시다시피, 저는 지금 막 버킹엄 궁에서 돌아왔습니다. 여왕께서 저에게 새 정부를 구성할 것을 요청하셨고 저는 그렇게 할 것입니다. 세 번이나 선출된 것은 엄청난 명예와 영광이며 저는 그 명예와 영광을 분명하게 느낍니다.

8년 전 처음 이곳에 섰을 때, 저는 훨씬 더 젊긴 했지만 경험은 훨씬 더 부족했습니다. 오늘 우리 - 저 - 정부는 국민들이 바라는 우선순위들을 마음속에 간직하고 있을 뿐만 아니라 그것들을 성취하기 위한 결의와 의지, 경험과 지식을 갖추고 있습니다. 선거의 좋은 점은 매주 밖에 나가 국민들과 대화하는 것입니다. 저는 귀를 기울이면서 배웠습니다. 국민들과의 대화를 통해 지금 영국 국민이 이번 3기 정부에서 무엇을 기대하는지 분명히 알게 되었습니다. 저는 저 - 우리 - 정부가 이제 국민이 우리에게 정해 주신 우선순위들에 대해 철저히 초점을 맞출 것임을 국민들에게 분명히 말씀드리고 싶습니다.

And what are those priorities? Well, first they like the strong economy but life is still a real struggle for many people and many families in this country. And they know that there are new issues. Help for first-time buyers to get their feet on the first rungs of the housing ladder. Families trying to cope with balancing work and family life. Many people struggling to make ends meet. Many families on low incomes who desperately need help and support to increase their living standards. Businesses who, whilst they like the economic stability, want us also to focus on stimulating enterprise, on investing in science and skills and technology for the future. It is very clear what people want us to do and we will do it.

Secondly, in relation to the public services — health and education — again people like the investment that has gone in to public services — they welcome it. I found absolutely no support for any suggestion we cut back on that investment. But people want that money to work better for them. They want higher standards both of care and of education for the investment we're putting in. And so we will focus on delivering not just the investment but the reform and change in those public services. And I will do so with passion because I want to keep universal public services but know that the only way of keeping the consent for them, is by making the changes necessary for the 21st century.

Check the Vocabulary

rung (사닥다리의) 가로장 | **desperately** 필사적으로, 절망적으로 | **cut back on** 줄이다, 삭감하다 | **universal** 만인의, 보편적인 | **consent** 동의

그렇다면 이 우선과제들은 무엇일까요? 무엇보다 국민은 강한 경제를 원합니다. 그러나 이 나라의 많은 국민들과 가정에서 삶은 여전히 진짜 투쟁이고 새로운 문제들이 있다는 것을 국민들은 알고 계십니다. 처음 주택을 장만하는 사람들은 내 집 장만 사다리의 제1단에 발을 딛기 위한 지원을 바랍니다. 가정들은 일과 가정생활의 균형을 유지하려고 노력하고 있습니다. 많은 사람들이 빚을 지지 않고 살아가려고 애쓰고 있습니다. 많은 저소득 가정들이 그들의 생활수준 향상을 위해 도움과 지원을 절실히 필요로 하고 있습니다. 기업들은 경제의 안정을 바라면서, 우리가 기업을 자극하고 미래를 위해 과학, 기능 및 기술에 투자하는 것에도 초점을 맞춰 주기를 바랍니다. 국민이 우리에게 바라는 것은 매우 분명하고 우리는 그것을 할 것입니다.

둘째, 건강과 교육 등의 공공 서비스와 관련해서 국민들은 공공 서비스에 투자가 이뤄지기를 바랍니다. 국민들은 이것을 환영합니다. 저는 그러한 투자를 줄이자는 그 어떠한 제안도 지지를 받지 못하고 있다는 것을 확실히 알았습니다. 그러나 국민은 그러한 돈이 그들에게 더 도움이 되기를 바랍니다. 국민들은 정부의 투자로 복지와 교육 수준 둘 다 향상되기를 바랍니다. 그래서 정부는 투자뿐만 아니라 이 공공 서비스의 개혁과 변화에도 초점을 맞출 것입니다. 저는 이 일을 열정적으로 추진할 것입니다. 저는 보편적인 공공 서비스를 유지하고 싶을 뿐만 아니라 공공 서비스에 대한 국민의 동의를 계속 얻을 수 있는 유일한 방법은 21세기에 필요한 변화를 하는 것이라고 알고 있기 때문입니다.

 16-03

And third, people welcome the fact that so many more people are in work and have moved off benefit and into work. But people still know there are too many people economically inactive who should be helped off benefit and into work. And they also know that on pensions today, whatever help we're giving for today's pensioners, tomorrow's pensioners are deeply concerned as to whether they'll have the standard of life that they want. People expect us to sort these issues — we will do so.

And fourth, I've also learnt that the British people are a tolerant and decent people. They did not want immigration made a divisive issue in the course of the election campaign. But they do believe there are real problems in our immigration and asylum system and they expect us to sort them out and we will do so.

Check the Vocabulary

off benefit 혜택을 받지 않게 되는 | **pension** 연금 | **sort** 해결하다, 정리하다 | **tolerant** 관대한 | **decent** 예의바른 | **divisive** 불화를 일으키는 | **asylum** 망명

셋째, 국민은 훨씬 더 많은 사람들이 일자리를 구해 사회보험수당에서 벗어나 취업한다는 사실을 반가워합니다. 그러나 국민은 경제활동을 하지 않는 사람들이 너무 많다는 것을 알고 있습니다. 이들은 보험수당에서 벗어나 취업할 수 있도록 도움을 받아야 하는 사람들입니다. 또한 국민은 정부가 지금 연금을 수령하고 있는 사람들에게 어떠한 도움을 주고 있다 하더라도 미래의 연금 수령자들은 자신들이 바라는 수준으로 생활하게 될지 깊이 우려하고 있다는 것도 알고 있습니다. 국민은 정부가 이러한 문제들을 잘 해결해 주기를 기대하고 있고 우리는 그렇게 할 것입니다.

넷째, 저는 또한 영국 국민은 관대하고 예의 바른 사람들이라는 것을 알았습니다. 국민들은 선거유세기간 중에 이민자 문제로 국론이 분열되는 것을 원치 않았습니다. 하지만 국민들은 우리의 이민과 망명 제도에 진짜 문제가 있다고 믿고 있으며 우리가 이 문제들을 해결해 주기를 기대하고 있고 정부는 그렇게 할 것입니다.

 16-04

And fifth, I've been struck, again and again, in the course of this campaign by people's worry that in our country today, though they like the fact that we've got over the deference of the past, there is a disrespect that people don't like. And whether it's in the classroom, or on the street, or in town centres on a Friday or Saturday night, I want to focus on this issue. We've done a lot so far with anti-social behaviour and additional numbers of police, but I want to make this a particular priority for this government — how we bring back a proper sense of respect in our schools, in our communities, in our towns, in our villages. And arising out of that will be a radical programme of legislation that will focus exactly on those priorities; on education; on health; on welfare reform; on immigration; on law and order.

Check the Vocabulary

in the course of ~ 동안 | **deference** 복종, 존경 | **disrespect** 무례 | **anti-social behaviour** 반사회적 행동 | **arise** 생기다, 발생하다 | **bring back** 돌려주다 | **legislation** 입법

다섯 번째, 저는 이번 선거유세 과정에서 국민이 과거의 존경을 극복했다는 사실을 좋아함에도 불구하고 국민들이 좋아하지 않는 무례함이 있다는 오늘날 국민들의 우려에 거듭 감동하였습니다. 그것이 교실에서든, 거리에서든, 금요일이나 토요일 밤 번화가에서든 저는 이 문제에 초점을 맞추고 싶습니다. 지금까지 정부는 반사회적 행동에 대해 많은 조치를 취해 왔고 경찰병력을 증강시켰습니다. 하지만 저는 이것을 이 정부의 특별 우선과제로 삼고 싶습니다. 우리가 어떻게 하면 우리 학교, 우리의 지역 사회, 우리 마을에 합당한 존경을 돌려줄까 하는 것을 말입니다. 그래서 그것의 결과는 바로 이 우선순위들, 즉, 교육, 건강, 복지 개혁, 이민, 법과 질서에 초점을 맞추게 될 근본적인 입법 프로그램이 될 것입니다.

Check the Vocabulary

priority 우선순위

 16-05

In addition I know that Iraq has been a deeply divisive issue in this country — that's been very, very clear. But I also know and believe that after this election people want to move on; they want to focus on the future in Iraq and here. And I know too that there are many other issues that concern people in the international agenda and we will focus on those; on poverty in Africa, on climate change, on making progress in Israel and Palestine. So there is a very, very big agenda for a third term Labour government. And as I said to you earlier, even if we don't have quite the same expectations that people had of us in 1997, yet now we do have, I believe, the experience as well as the commitment to see it through.

One final thing, which is that I've also learnt something about the British people, that, whether their difficulties and disagreements with us and whatever issues and challenges that confront them, their values of fairness and decency and opportunity for all and a belief that people should be able to get on, on hard work and merit, not class or background — those values are the values I believe in, the values our government will believe in.

Thank you.

Check the Vocabulary

concern ~와 관계가 있다 | **poverty** 빈곤 | **see it through** 해내다

게다가 저는 이 나라에서 이라크 문제가 국론을 심각하게 분열시켰다는 것을 알고 있습니다. 이 문제는 아주 분명했습니다. 그러나 저는 또한 이 선거가 끝난 후, 국민들은 계속 나아가고 싶어 하고, 이라크와 영국의 미래에 초점을 맞추고 싶어 한다는 것을 알고 있고 그렇게 믿고 있습니다. 저는 국제적인 과제에 국민과 관련 있는 다른 문제들이 많다는 것도 알고 있고 정부는 그런 문제들, 즉, 아프리카의 빈곤, 기후 문제, 이스라엘과 팔레스타인 사태의 진전에 초점을 맞출 것입니다. 그러니까 3기 노동당 정부에는 아주아주 중대한 과제가 놓여 있습니다. 그리고 앞서 말씀드린 대로, 우리가 1997년에 국민이 정부에게 보냈던 것만큼의 기대는 받지 않고 있다 하더라도 지금 정부는 그것을 해낼 의지력과 경험을 갖고 있다고 저는 믿습니다.

마지막으로 한 가지, 저는 또한 영국 국민에 대해 중요한 것을 배웠습니다. 국민들에게 어려움이 있고 정부와 의견이 다르더라도, 또한 어떠한 문제와 도전들에 직면한다 하더라도, 모든 이에게 공정하고, 예의 바르고, 기회가 주어지는 것의 가치와, 사람들은 계급이나 배경이 아니라 근면과 실력에 따라 발전할 수 있다는 믿음 - 이런 가치들이 제가 믿는 가치들이며 저희 정부가 믿는 가치들입니다.

감사합니다.

Margaret Thatcher's Eulogy – Late Ronald Reagan

마거릿 대처의 고 레이건 대통령 조사(弔詞)

2004년 6월 11일, 워싱턴 대성당

2004년 6월 11일 미국의 워싱턴 대성당에서 로널드 레이건 전 대통령의 국장이 엄숙하게 치러졌다. 마거릿 대처 여사와 절친 관계인 레이건 전 미 대통령은 자신이 알츠하이머병을 앓고 있다고 발표했을 때 대처 전 영국 총리에게 자신의 장례식 조사를 부탁했다. 대처 여사는 자신의 건강이 좋지 않았음에도 불구하고 장례식에 직접 참석하였다. 다만 악화된 건강을 이유로 조사는 미리 녹화해 둔 비디오로 대신했다.

 17-01

We have lost a great president, a great American, and a great man, and I have lost a dear friend. In his lifetime, Ronald Reagan was such a cheerful and invigorating presence that it was easy to forget what daunting historic tasks he set himself. He sought to mend America's wounded spirit, to restore the strength of the free world, and to free the slaves of communism. These were causes hard to accomplish and heavy with risk, yet they were pursued with almost a lightness of spirit, for Ronald Reagan also embodied another great cause, what Arnold Bennett once called "the great cause of cheering us all up."

His policies had a freshness and optimism that won converts from every class and every nation, and ultimately, from the very heart of the "evil empire." Yet his humour often had a purpose beyond humour. In the terrible hours after the attempt on his life, his easy jokes gave reassurance to an anxious world. They were evidence that in the aftermath of terror and in the midst of hysteria one great heart at least remained sane and jocular. They were truly grace under pressure. And perhaps they signified grace of a deeper kind. Ronnie himself certainly believed that he had been given back his life for a purpose. As he told a priest after his recovery, "Whatever time I've got left now belongs to the big fella upstairs."

Check the Vocabulary

invigorating 기운나게 하는 | **daunting** 기세를 꺾는, 벅찬, 위협적인 | **mend** 고치다 | **slave** 노예 | **embody** 구현하다 | **convert** 개종자, 전향자 | **in the aftermath of** ~ 이후에

우리는 위대한 대통령이자, 위대한 미국인이자, 위대한 사람을 잃었습니다. 그리고 저는 소중한 친구를 잃었습니다. 로널드 레이건은 아주 쾌활하고 기운을 북돋워 주는 분이라 그 자신이 설정한 엄청난 역사적 과업을 쉽게 잊어버렸습니다. 그는 상처 받은 미국의 정신을 고치려고 했고 자유세계의 힘을 회복시키려고 했고 공산주의의 노예를 해방시키려고 했습니다. 이러한 것들은 성취하기 힘들고 위험이 많은 대의였습니다. 그러나 이 대의들은 거의 가벼운 마음으로 추구되었습니다. 왜냐하면 로널드 레이건은 또한 또 다른 위대한 대의를 구현했는데 이것은 아놀드 베넷이 한때 표현한 바 있는 '우리 모두를 북돋운다는 위대한 대의'였습니다.

그분의 정치는 신선하고 낙천적이어서 모든 층을, 모든 국가를, 마침내 사악한 제국의 마음을 전향시켰습니다. 그러나 그분의 유머에는 종종 유머를 넘어 어떤 목적이 있었습니다. 그분의 목숨을 노린 암살 기도 이후 무시무시한 순간에도 그의 여유 있는 농담은 불안해 하는 세상 사람들을 안심시켰습니다. 그러한 것들은 테러 직후, 광란 속에서도 한 위대한 남자는 적어도 정신이 온전했고 익살스러웠다는 증거입니다. 그러한 농담은 실로 긴박한 상황하에 내려진 신의 은총이었습니다. 그리고 아마도 그러한 농담들은 보다 심오한 은총을 의미했던 것입니다. 레이건 자신은 분명히 어떤 목적을 위해 자신의 생명을 다시 받았다고 믿었습니다. 그분은 회복하고 나서 한 신부에게, "나에게 지금 남아 있는 시간은 하늘에 계신 하느님의 것"이라고 말했습니다.

Check the Vocabulary

in the midst of hysteria 광란 속에서 | **sane** 온전한, 제정신의 | **jocular** 웃기는, 익살떠는 | **big fella upstairs** 신(= God)

🎧 17-02

And surely, it is hard to deny that Ronald Reagan's life was providential when we look at what he achieved in the eight years that followed. Others prophesied the decline of the West. He inspired America and its allies with renewed faith in their mission of freedom. Others saw only limits to growth. He transformed a stagnant economy into an engine of opportunity. Others hoped, at best, for an uneasy cohabitation with the Soviet Union. He won the Cold War, not only without firing a shot, but also by inviting enemies out of their fortress and turning them into friends. I cannot imagine how any diplomat or any dramatist could improve on his words to Mikhail Gorbachev at the Geneva summit. "Let me tell you why it is we distrust you." Those words are candid and tough, and they cannot have been easy to hear. But they are also a clear invitation to a new beginning and a new relationship that would be rooted in trust.

Check the Vocabulary

providential 섭리의, 신의 뜻에 의한 | **prophesy** ~를 예언하다 | **stagnant** 활발하지 못한, 불경기의 | **at best** 기껏해야 | **cohabitation** 동거 | **fortress** 요새 | **diplomat** 외교관 | **candid** 솔직한

그리고 이후 8년간 그분이 해낸 업적을 살펴보면 로널드 레이건의 삶은 신의 섭리였음을 부인하기 힘듭니다. 다른 사람들은 서방의 쇠퇴를 예언했습니다만 그분은 미국과 미국의 우방들을 감화시켜 그들의 자유에 대한 사명을 다시 믿도록 했습니다. 다른 사람들은 성장에 한계가 있다고 봤지만 그분은 경기 불황을 기회의 엔진으로 변화시켰습니다. 다른 사람들은 기껏해야 소련과의 불안한 동거를 기대했습니다만 그분은 냉전에서 승리했습니다. 총 한 방 쏘지 않았을 뿐만 아니라 적군들을 요새에서 나오게 하여 아군으로 만들어 버렸던 것입니다. 저는 어느 외교관이나 극작가도 그분이 제네바 정상회담 때 고르바초프에게 한 말보다 더 잘할 수 있다고 상상하지 않습니다: "내가 당신을 믿지 않는 이유를 말씀드리지요." 이 말은 솔직하지만 거친 표현이라 듣기가 편하지 않았을 겁니다. 하지만 이 표현은 또한 새로운 시작으로의 분명한 초대장이며 신뢰에 뿌리를 두는 새로운 관계일 것입니다.

Check the Vocabulary

rooted in ~에 뿌리를 둔

 17-03

We live today in the world that Ronald Reagan began to reshape with those words. It is a very different world, with different challenges and new dangers. All in all, however, it is one of greater freedom and prosperity, one more hopeful than the world he inherited on becoming president. As Prime Minister, I worked closely with Ronald Reagan for eight of the most important years of all our lives. We talked regularly, both before and after his presidency, and I've had time and cause to reflect on what made him a great president.

Ronald Reagan knew his own mind. He had firm principles and, I believe, right ones. He expounded them clearly. He acted upon them decisively. When the world threw problems at the White House, he was not baffled or disorientated or overwhelmed. He knew almost instinctively what to do. When his aides were preparing option papers for his decision, they were able to cut out entire drafts of proposals that they knew the old man would never wear. When his allies came under Soviet or domestic pressure, they could look confidently to Washington for firm leadership, and when his enemies tested American resolve, they soon discovered that his resolve was firm and unyielding.

Check the Vocabulary

inherit 물려받다, 상속하다 | **presidency** 대통령직 임기 | **expound** 상술하다 | **act upon** ~에 따라 행동하다 | **baffled** 당황한 | **disorientated** 혼란한 | **overwhelmed** 압도된 | **resolve** 결의

우리는 지금 그러한 말들로 레이건이 다시 만들어 놓기 시작한 세계에 살고 있습니다. 그건 다른 도전들과 새로운 위험이 있는 아주 다른 세계입니다. 그러나 대체로 그것은 보다 많은 자유와 번영의 세계, 레이건이 대통령이 되었을 때, 그가 물려받은 세계보다 더 희망에 찬 세계인 것입니다. 저는 총리로서 우리 인생의 가장 중요한 시기 중 8년 동안을 레이건과 긴밀하게 일했었습니다. 우리는 그분이 대통령이 되기 전후에 정기적으로 회동했었고 지금은 무엇이 그분을 위대한 대통령으로 만들었는지 깊이 생각해 볼 시간과 이유를 갖게 되었습니다.

레이건은 자신의 마음을 알고 있었습니다. 그는 확고한 원칙을 갖고 있었던 것입니다. 저는 그게 올바른 것들이라고 믿고 있습니다. 그는 그 원칙들을 분명하게 상술했습니다. 그는 그 원칙들에 따라 단호한 행동을 취했습니다. 세계가 백악관에 문제들을 던지면, 그는 당황하거나 방향감각을 잃거나 제압당하지 않았습니다. 그는 거의 본능적으로 무엇을 해야 하는지 알았습니다. 그의 보좌관들이 대통령의 결정을 위해 선택안들을 준비할 때, 그들은 대통령이 선택하지 않을 것임을 알 수 있는 모든 초안들을 잘라 낼 수 있었습니다. 그의 우방들이 소련이나 국내에서 압박을 받고 있었을 때, 그들은 확신을 갖고 미국 정부에게 시선을 돌려 확고한 지도력을 기대했습니다. 그의 적들이 미국의 결의를 시험했을 때, 그들은 곧 그의 결의가 확고부동하다는 것을 발견했습니다.

Check the Vocabulary

unyielding 단호한

 17-04

Yet his ideas, so clear, were never simplistic. He saw the many sides of truth. Yes, he warned that the Soviet Union had an insatiable drive for military power and territorial expansion, but he also sensed that it was being eaten away by systemic failures impossible to reform. Yes, he did not shrink from denouncing Moscow's evil empire, but he realised that a man of good will might nonetheless emerge from within its dark corridors. So the president resisted Soviet expansion and pressed down on Soviet weakness at every point until the day came when communism began to collapse beneath the combined weight of those pressures and its own failures.

And when a man of good will did emerge from the ruins, President Reagan stepped forward to shake his hand and to offer sincere cooperation. Nothing was more typical of Ronald Reagan than that large-hearted magnanimity, and nothing was more American. Therein lies perhaps the final explanation of his achievements. Ronald Reagan carried the American people with him in his great endeavours because there was perfect sympathy between them. He and they loved America and what it stands for: freedom and opportunity for ordinary people.

Check the Vocabulary

insatiable 만족할 줄 모르는, 탐욕스러운 | **be eaten away** 부식되다, 침식되다 | **denounce** ~을 공공연하게 비난하다 | **resist** 저항하다 | **communism** 공산주의 | **magnanimity** 관대, 너그러움

그러나 그의 생각은 분명하지만 결코 단순하지는 않았습니다. 그는 진실의 많은 면을 봤습니다. 예, 그는 소련이 군사력과 영토 팽창에 대해 탐욕스러운 욕구를 갖고 있다고 경고했었습니다. 하지만 그는 개혁이 불가능한 체제의 실패로 소련이 부식되어 가고 있음 또한 감지했습니다. 그렇습니다, 그는 소련정부의 흉악한 제국을 겁먹지 않고 공개적으로 비난했습니다. 그러나 그는 그럼에도 불구하고 선한 남자가 침침한 복도에서 나올지도 모른다는 것을 알아챘습니다. 그래서 대통령은 소련의 팽창을 막고, 소련의 모든 약점을 참아 넘겼고 드디어 그러한 압박과 자체적인 실패가 함께 어우러져 공산주의가 붕괴되기 시작하는 날이 온 것입니다.

그리고 선한 남자는 폐허에서 나타났습니다. 레이건 대통령은 앞으로 나와 악수를 청하고 성실하게 협조하겠다고 말했습니다. 마음이 넓다는 것 외에 로널드 레이건을 상징해 주는 말은 없었으며 어떤 것도 더 미국적이지 않았습니다. 아마도 그분의 업적에 대한 최종 설명은 거기에 있을 겁니다. 로널드 레이건은 국민들과 그분 사이에 완벽한 교감이 형성되어 있었기 때문에 그분의 위대한 노력에 대한 국민의 공감을 얻을 수 있었습니다. 레이건 대통령과 국민들은 미국을 사랑했으며 미국이 추구하는 바인 보통사람들을 위한 자유와 기회를 사랑했습니다.

Check the Vocabulary

therein 그 안에

Robin Cook's Resignation Speech

로빈 쿡의 사임 연설

2003년 3월 17일, 영국 하원

스코틀랜드 출신의 로빈 쿡(Robin Cook)은 에딘버러 대학에서 영문학을 전공했다. 교사와 지방 시의회의원을 지내다 1974년 하원의원에 당선되었고, 외무장관을 거쳐 하원 원내총무에 오르지만 2003년 이라크 전쟁에 반발하여 하원 원내총무직을 사임한다. 사임 후에도 의원으로서 반전 운동을 계속했다. 그가 좋아하는 스코틀랜드의 산을 부인과 함께 오르던 중 심장발작으로 타계했다. 당시 영국 총리였던 토니 블레어는 우리는 이라크 문제로 대립했지만 그의 설명방식은 존경했다며 갑작스러운 타계를 안타까워했다. 본 연설문은 천부적이라고 할 정도로 명연설가였던 쿡 하원 원내총무가 이라크 전쟁에 반대해 하원 원내총무를 사임할 당시의 감동적인 연설이다.

 18-01

I have chosen to address the House first on why I cannot support a war without international agreement or domestic support. I applaud the heroic efforts that the prime minister has made in trying to secure a second resolution. I do not think that anybody could have done better than the foreign secretary in working to get support for a second resolution within the Security Council. But the very intensity of those attempts underlines how important it was to succeed. Now that those attempts have failed, we cannot now pretend that getting a second resolution was of no importance.

France has been at the receiving end of bucket loads of commentary in recent days. It is not France alone that wants more time for inspections. Germany wants more time for inspections; Russia wants more time for inspections; indeed, at no time have we signed up even the minimum necessary to carry a second resolution. We delude ourselves if we think that the degree of international hostility is all the result of President Chirac. The reality is that Britain is being asked to embark on a war without agreement in any of the international bodies of which we are a leading partner — not NATO, not the European Union and, now, not the Security Council. To end up in such diplomatic weakness is a serious reverse. Only a year ago, we and the United States were part of a coalition against terrorism that was wider and more diverse than I would ever have imagined possible.

Check the Vocabulary

applaud 박수를 보내다 | **heroic** 영웅적인 | **secure** 획득하다, 따내다 | **Security Council** UN 안전보장이사회 | **bucket loads of commentary** 양동이로 퍼붓는 비평 | **delude oneself** 착각하다

저는 국제적인 동의나 국내의 지지가 없는 전쟁을 제가 지지할 수 없는 이유를 하원에서 맨 처음 연설하기로 했습니다. 저는 총리가 2차 결의안을 통과시키려 한 영웅적인 노력에 박수를 보냅니다. 저는 안전보장이사회 내에서 2차 결의안에 대한 지지를 얻기 위한 노력에 있어 아무도 외무장관보다는 더 잘할 수는 없었을 것이라고 생각합니다. 하지만 바로 이렇게 치열한 노력들은 지지를 얻는 것이 얼마나 중요했는지 보여 줍니다. 그러한 노력들이 실패로 끝난 지금, 우리는 2차 결의안 채택이 중요하지 않았던 것처럼 행동해서는 안 됩니다.

프랑스는 최근 많은 비평을 받아 왔습니다. 사찰에 더 많은 시간을 원하는 것은 프랑스만이 아닙니다. 독일도 사찰에 더 많은 시간을 원하고 러시아도 사찰에 더 많은 시간을 원합니다. 사실은 2차 결의안을 통과시키기 위해 필요한 최소한의 것도 합의 보지 못했습니다. 이 정도로 심한 국제사회의 반대가 모두 다 시라크 대통령 때문이라고 생각한다면 착각하고 계신 겁니다. 현실은 영국은 주도적인 역할을 하고 있는 어떠한 국제기구에서도 동의를 얻지 못한 채 전쟁을 시작하라고 요청받고 있는 상황입니다. 나토도, EU도, 지금 안전보장이사회도 동의하지 않았습니다. 이렇게 외교적으로 힘이 없게 되는 것은 심각한 역행입니다. 일 년 전만 해도 우리와 미국은 제가 일찍이 상상해 볼 수 없을 정도로 더 광범위하고 더 다양한 대테러 연합의 일원이었습니다.

Check the Vocabulary

embark on ~에 착수하다

🎧 18-02

History will be astonished at the diplomatic miscalculations that led so quickly to the disintegration of that powerful coalition. The US can afford to go it alone, but Britain is not a superpower. Our interests are best protected not by unilateral action but by multilateral agreement and a world order (ruled by) governed by rules. Yet tonight the international partnerships most important to us are weakened: the European Union is divided; the Security Council is in stalemate. Those are heavy casualties of a war in which a shot has yet to be fired.

Mr. Speaker, the longer that I have served in this place, the greater the respect I have for the good sense and collective wisdom of the British people. On Iraq, I believe that the prevailing mood of the British people is sound. They do not doubt that Saddam is a brutal dictator, but they are not persuaded that he is a clear and present danger to Britain. They want inspections to be given a chance, and they suspect that they are being pushed too quickly into conflict by a US Administration with an agenda of its own. Above all, they are uneasy at Britain going out on a limb on a military adventure without a broader international coalition and against the hostility of many of our traditional allies.

Check the Vocabulary

astonish 놀라게 하다 | **miscalculation** 오판 | **disintegration** 붕괴, 해체 | **unilateral** 일방적인 | **(ruled by)** governed by를 말하려다가 실수로 ruled by라고 잘못 말했다. | **stalemate** 교착 상태

역사는 그렇게 빨리 그 강력한 동맹을 해체시킨 외교적 오판에 놀랄 것입니다. 미국은 독자 행동을 취할 수 있습니다만 영국은 초강대국이 아닙니다. 우리의 국익은 일방적인 행동에 의해서가 아니라 다국간 합의와 규칙이 지배하는 세계 질서에 의해 가장 잘 보호됩니다. 그러나 오늘 밤 우리에게 대단히 중요한 국제적 협력 관계는 약해져 있습니다. EU는 분열되어 있고 안전보장이사회는 교착 상태에 빠져 있습니다. 이런 것들은 아직 총 한 발 발사되지 않은 전쟁이 초래한 많은 사상자들입니다.

의장님, 제가 이 자리에 재직하는 기간이 길면 길수록 영국 국민의 양식과 공통적인 지혜에 대한 저의 존경심은 커졌습니다. 이라크에 대해 영국 국민 사이에서 팽배한 분위기는 건전하다고 생각합니다. 영국 국민들은 사담이 잔인한 독재자라는 것을 의심하지 않습니다만 그가 영국에 분명하게 현존하는 위험이라는 데에는 납득하지 못합니다. 영국 국민은 사찰 기회가 주어지기를 바라고 있고 그들이 미국 정부의 일정에 따라 미국 정부에 의해 너무 성급하게 분쟁으로 밀려가고 있지 않나 생각하고 있습니다. 무엇보다도 영국 국민은 영국이 더 광범위한 국제적 동맹 없이 다수의 전통적 동맹국들의 반대를 무릅쓰고 군사적인 모험을 함으로써 빼도 박도 못할 상황에 빠지는 것을 불안해하고 있습니다.

Check the Vocabulary

prevailing 널리 퍼져 있는 | **brutal** 잔인한 | **out on a limb** 위태로운 처지에 | **hostility** 반대, 적대, 적개심

 18-03

From the start of the present crisis, as Leader of the House, I have insisted on the right of this place to vote on whether Britain should go to war. It has been a favourite theme of commentators that this House no longer occupies a central role in British politics. Nothing could better demonstrate that they are wrong than for this House to stop the commitment of troops in a war which has neither international agreement nor domestic support. I intend to join those tomorrow night who will vote against military action now. It is for that reason, and for that reason alone, and with a heavy heart, that I resign from the government.

Check the Vocabulary

vote on ~에 대해 표결하다 | **commitment** 참가, 약속 | **with a heavy heart** 무거운 마음으로

현 위기의 시작 때부터 저는 하원의 원내총무로서 영국의 참전 여부에 대해 이 자리에서 표결하자고 주장해 왔습니다. 영국 정치에서 이 하원이 더 이상 중심적인 역할을 하지 않고 있다는 것은 논평가들이 애호하는 주제가 되었습니다. 그들이 틀렸다는 것을 가장 잘 증명할 수 있는 방법은 이 하원이 국제적 동의도 없고 국내 지지도 받지 못하는 전쟁에 파병을 중지하는 것입니다. 저는 내일 밤 군사행동에 반대표를 던질 의원들에 동참할 생각입니다. 제가 무거운 마음으로 정부 내각에서 사임하는 것은 그런 이유이고, 그런 이유뿐입니다.

Queen Elizabeth II's Jubilee Speech

엘리자베스 2세의 즉위 50주년 기념 연설

2002년 5월 1일, 상하 양원

엘리자베스 2세는 영국 여왕 즉위 이후 수많은 연설을 했지만 아마도 즉위 50주년 기념 연설이 그녀에게 가장 뜻 깊은 연설이었을 것이다. 역사적인 경축 행사인 만큼 연설문 한 단어, 한 단어 선택에 공을 들여 작성했음을 엿볼 수 있는 명문장들로 구성되어 있다. 영국에서는 엘리자베스 여왕 즉위 50주년을 기념하기 위하여 2002년 6월 1일부터 4일까지 연휴로 정하여 많은 축하행사를 개최하였다.

 19-01

My Lords and Members of the House of Commons.

You do Prince Philip and me a great honour in inviting us here today. I am most grateful to have this opportunity to reply to your Loyal Addresses and I thank you both, Lord Chancellor and Mr. Speaker, for your generous words.

It is right that the first major event to mark my Golden Jubilee this summer is here in the Palace of Westminster. I would like to pay tribute to the work you do in this, the Mother of Parliaments — where you, like so many famous predecessors before you, have assembled to confront the issues of the days, to challenge each other and address differences through debate and discussion, and to play your essential part in guiding this Kingdom through the changing times of the past 50 years.

Check the Vocabulary

Lord Chancellor 대법관 | **golden jubilee** 50년제 | **pay tribute to** ~에 경의를 표하다 |
Mother of Parliaments 직역하면 '의회의 어머니'로, 영국 의회를 뜻한다. | **predecessor** 전임자

상하의원 여러분,

필립 공과 저를 오늘 이곳으로 초대해 주셔서 대단한 영광으로 생각합니다. 저는 의원님들의 연설에 답변할 수 있는 이런 기회를 갖게 되어 대단히 감사하며 두 분 대법원장과 의장의 찬사에 감사드립니다.

이번 여름에 저의 여왕 취임 50주년을 기념하는 첫 중요행사를 여기 웨스트민스터 궁에서 여는 것은 참 당연한 일입니다. 저는 의회의 어머니(영국 의회)에서 여러분이 하시는 일에 경의를 표합니다. 여러분은 이곳에 모여 여러분의 많은 유명한 선임자들처럼 현안들에 대처하고, 서로에게 이의를 제기하고, 논쟁과 토론을 통해 이견을 해결하면서 지난 50년 동안의 변화의 시대에서 영국을 인도하는 데에 있어서 중요한 역할을 해 왔습니다.

Check the Vocabulary

confront 맞서다, 대항하다 | **address** 다루다, 해결하다

🎧 19-02

For if a jubilee becomes a moment to define an age, then for me we must speak of change — its breadth and accelerating pace over these years. Since 1952 I have witnessed the transformation of the international landscape through which this country must chart its course, the emergence of the Commonwealth, the growth of the European Union, the end of the Cold War, and now the dark threat of international terrorism. This has been matched by no less rapid developments at home, in the devolved shape of our nation, in the structure of society, in technology and communications, in our work and in the way we live.

Change has become a constant; managing it has become an expanding discipline. The way we embrace it defines our future. It seems to me that this country has advantages to exploit in this exciting challenge. We in these islands have the benefit of a long and proud history. This not only gives us a trusted framework of stability and continuity to ease the process of change, but it also tells us what is of lasting value.

Check the Vocabulary

define ~을 정의하다 | **age** 시대 | **emergence** 출현 | **devolve** 이양하다, 양도하다 | **constant** 일정불변의 것 | **discipline** 분야 | **embrace** 받아들이다 | **exploit** ~을 활용하다, 이용하다

이 축제의 자리를 빌려, 시대에 대한 정의를 내리려면, 최근 몇 년 동안 일어난 변화 그리고 그 변화의 폭과 가속도에 대해 이야기해야 한다고 생각합니다. 1952년 이후 저는 국제 정세의 변화를 목격해 왔습니다. 그 속에서 이 나라는 나아갈 방향을 정해야 했으며 그 변화로는 영연방의 출현, EU의 성장, 냉전의 종식, 그리고 최근에는 국제 테러리즘의 흉악한 위협 등이었습니다. 국제 정세의 변화와 같은 속도로, 국내에서는 권리가 이양된 국가의 형태에서, 사회구조에서, 기술과 통신에서, 우리의 일과, 삶의 방식에서 빠른 발전이 있었습니다.

변화는 끊임없는 현상이라 그것의 관리는 확산되고 있는 한 분야가 되었습니다. 우리가 받아들이는 방식은 우리의 미래를 결정합니다. 이 흥분되는 도전 속에서, 이 나라는 활용할 수 있는 장점들을 갖고 있는 것 같습니다. 섬 국가인 우리에게는 길고 자랑스러운 역사가 있다는 장점이 있습니다. 이것은 우리들에게 안정과 지속이라는 믿을 수 있는 체제를 제공해서 변화의 과정을 완화시켜 줄 뿐만 아니라 무엇이 지속되는 가치인지를 알려 줍니다.

Check the Vocabulary

lasting 지속적인, 영구적인

 19-03

Only the passage of time can filter out the ephemeral from the enduring. And what endures are the characteristics that mark our identity as a nation and the timeless values that guide us. These values find expression in our national institutions — including the Monarchy and Parliament — institutions which in turn must continue to evolve if they are to provide effective beacons of trust and unity to succeeding generations.

I believe that many of the traditional values etched across our history equip us well for this age of change. We are a moderate, pragmatic people, more comfortable with practice than theory. With an offshore, seafaring tradition we are outward-looking and open-minded, well suited by temperament — and language — to our shrinking world.

We are inventive and creative — think of the record of British inventions over the past 50 years or our present thriving arts scene. We also take pride in our tradition of fairness and tolerance — the consolidation of our richly multicultural and multi-faith society, a major development since 1952, is being achieved remarkably peacefully and with much goodwill.

Check the Vocabulary

filter out 여과해서 걸러내다 | **ephemeral** 짧은 순간, 덧없음 | **timeless** 시대를 초월하는 |
monarchy 군주제, 군주정치 | **evolve** 발전하다, 진화하다 | **pragmatic** 실용적인

세월의 흐름만이 영속적인 것에서 일시적인 것을 걸러낼 수 있습니다. 영속적인 것들은 국가의 정체성을 나타내는 특징인 동시에 우리를 인도해 주는 시대를 초월한 가치들입니다. 이 가치들은 입헌군주제와 의회를 포함하여 우리나라의 제도들을 통해 나타나며 후세들에게 신뢰와 단결에 대한 효과적인 지침들을 물려주려면 이 제도들을 계속 발전시켜 나가야 합니다.

저는 우리 역사의 흐름을 통해서 선명하게 새겨진 많은 전통적 가치들이 우리들을 이 변화의 시대에 잘 대비시켜 주고 있다고 믿습니다. 우리는 이론보다는 실제에 더 편안함을 느끼는 온건하고, 실용주의적인 국민들입니다. 연안과 항해의 전통을 가진 우리는 진취적이고 개방적이며, 작아지는 이 세계에 잘 맞는 기질과 언어를 갖고 있습니다.

우리는 창의적이며, 독창적입니다. 지난 50년 동안 일궈 낸 영국의 발명품들이나 번영하고 있는 지금의 예술계를 생각해 보십시오. 우리는 또한 공평과 관용이라는 우리의 전통에 자부심을 갖고 있습니다. 풍부한 다문화와 다종교 사회의 통합은 1952년 이후의 주요한 발전이며, 이것은 놀랄 정도로 평화롭고 대단히 우호적으로 성취되고 있습니다.

Check the Vocabulary

seafaring 항해의 | **outward-looking** 열린 태도를 취하는 | **temperament** 기질 | **shrink** 줄다 | **consolidation** 통합, 합동

 19-04

But there is another tradition in this country which gives me confidence for the future. That is the tradition of service. The willingness to 'honour one another and seek the common good' transcends social change. Over these 50 years on visits up and down this country I have seen at first hand and met so many people who are dedicating themselves quietly and selflessly to the service of others.

I would particularly pay tribute to the young men and women of our armed forces who give such professional service to this country often in most demanding and dangerous circumstances. They have my respect and admiration. I also wish to express my gratitude for the work of those in the public service more widely — here in Westminster or the corridors of Whitehall and town halls, as well as in our hospitals and schools, in the police and emergency services. But I would especially like to thank those very many people who give their time voluntarily to help others.

Check the Vocabulary

transcend 초월하다, ~을 능가하다 | **at first hand** 직접 | **admiration** 존경 | **corridor** 복도

저에게 미래에 대해 확신을 주는 또 다른 전통이 이 나라에 있습니다. 그것은 봉사의 전통입니다. '서로를 존중하고 공동의 이익을 추구하려는' 마음은 사회적 변화를 초월합니다. 지난 50년 동안 이 나라의 이곳저곳을 방문하면서 저는 조용히, 사심 없이 다른 사람들을 위해 헌신하는 많은 사람들을 직접 보고 만났습니다.

저는 특히, 종종 아주 힘들고, 위험한 상황 속에서도 우리나라를 위해 전문적인 봉사를 하는 우리의 남녀 장병들에게 경의를 표합니다. 그분들에게 저의 경의와 찬사를 보냅니다. 저는 또한 보다 넓게 공공 분야에서 일하시는 분들에게도 감사의 말을 전하고 싶습니다. 병원과 학교, 경찰과 긴급 구호기관은 물론이고, 여기 웨스트민스터나 런던 관청가와 시청에서 근무하시는 분들께 감사의 말을 전합니다. 저는 특별히 타인들을 돕기 위해 자발적으로 자신들의 시간을 할애하는 아주 많은 분들께 감사드립니다.

Kofi Annan's
Nobel Peace Prize Speech

코피 아난의 노벨 평화상 수락 연설

2001년 12월 10일, 노르웨이 오슬로

한국의 현 반기문 UN 사무총장의 전임자로, UN의 제7대 사무총장을 역임하였다(임기 1997년 1월 1일 ~ 2006년 12월 31일). 1938년 가나 판티족 세습 족장의 아들로 태어난 코피 아타 아난(Kofi Atta Annan)은 가나의 외교관, 정치인, 경제학자였다. 미국의 적극적인 후원으로 사무총장이 되어 1997년부터 임기를 시작했다. 1998년에는 바그다드를 방문하여 사담 후세인(Saddam Hussein)과 만나 시찰 논쟁에 대해 논의하여 협정에 조인하였다. 본 연설은 2001년에 UN과 함께 노벨 평화상을 수상한 코피 아난 전 UN 사무총장의 수상 소감인데 그는 미국의 미네소타 주, 매캘리스터 대학을 나왔지만 영국식 발음을 구사한다.

 20-01

Your Majesties, Your Royal Highnesses, Excellencies,
Members of the Nobel Committee of Norway, Ladies and Gentlemen,

Today, in Afghanistan, a girl will be born. Her mother will hold her, feed her and comfort her and care for her – just as any mother would anywhere else in the world. In those most basic acts of human nature, humanity knows no divisions. But to be born a girl in Afghanistan today is to begin life centuries away from the prosperity that one small part of humanity has achieved. It is to live under conditions that many of us in this hall would consider inhuman.

Today's real borders are not between nations, but between powerful and powerless, free and fettered, privileged and humiliated. Today, no walls can separate humanitarian or human rights crises in one part of the world from national security crises in another.

Check the Vocabulary

division 분할, 분열 | **inhuman** 비인간적인 | **powerful and powerless** 권력을 가진 자와 못가진 자 | **fettered** 구속을 받는 | **privileged and humiliated** 특권을 누리는 자와 굴욕을 당하는 자

국왕 폐하, 전하, 대사 및 장관 각하,
노르웨이 노벨위원회, 그리고 신사 숙녀 여러분,

오늘 아프가니스탄에서 한 여자아이가 태어날 것입니다. 아기의 엄마는 세계 다른 나라들의 모든 엄마들과 마찬가지로 아기를 안아 젖을 물리고 편안하게 해 주며 돌볼 것입니다. 인간 본성의 이런 가장 기본적 행위에 있어서 인간은 나누어지지 않습니다. 그러나 오늘날 아프가니스탄에서 여자아이로 태어난다는 것은 소수의 인간들이 이룩한 번영과는 수 세기의 격차가 있는 삶을 시작한다는 것을 의미합니다. 그것은 이 홀에 있는 우리들 대다수가 비인간적이라고 생각하는 환경하에서 생활한다는 것입니다.

오늘날의 실질적인 국경은 국가와 국가 사이에 존재하는 것이 아니라 권력을 가진 자와 못 가진 자, 자유로운 자와 억압받는 자, 특권을 누리는 자와 굴욕당하는 자 사이에 존재합니다. 오늘날에는 세계의 어떠한 장벽도 세계의 어느 한 지역에서 벌어지는 인도주의 또는 인권의 위기를 다른 나라의 국가 안보 위기와 분리하지 못합니다.

Check the Vocabulary

humanitarian 인도주의적인

Scientists tell us that the world of nature is so small and so interdependent that a butterfly flapping its wings in the Amazon rainforest can generate a violent storm on the other side of the earth. This principle is known as the "Butterfly Effect." Today, we realise, perhaps more than ever, that the world of human activity also has its own "Butterfly Effect" – for better or for worse.

Ladies and Gentlemen,

We have entered the third millennium through a gate of fire. If today, after the horror of 11 September, we see better, and we see further – we will realise that humanity is indivisible. New threats make no distinction between races, nations or regions. A new insecurity has entered every mind, regardless of wealth or status. A deeper awareness of the bonds that bind us all – in pain and in prosperity – has gripped young and old.

Check the Vocabulary

flap 퍼덕거리다 | **rainforest** 열대우림 | **butterfly effect** 나비효과 | **for better or for worse** 좋든 나쁘든 | **indivisible** 분할할 수 없는 | **make no distinction** 차이를 두지 않다 | **status** 지위

과학자들은 자연의 세계는 너무 작고 상호 의존하는 관계라 아마존의 열대 우림에서 한 마리의 나비가 퍼덕이면 지구 반대편에서 사나운 폭풍우가 발생할 수 있다고 우리들에게 말합니다. 이 원칙은 '나비효과'로 알려져 있습니다. 오늘날 우리는 인간 활동 세계 역시 좋든 나쁘든 그 자체의 '나비효과'를 가지고 있다는 사실을 그 어느 때보다도 더 깨닫고 있을지도 모릅니다.

신사숙녀 여러분,

우리는 고난의 문을 통해 새로운 천년에 들어왔습니다. 오늘날 우리가 9.11테러 이후 더 잘 보고, 더 멀리 본다면, 우리는 인류는 분리될 수 없음을 깨닫게 될 것입니다. 새로운 위협은 인종, 국가 또는 지역 간에 차이를 두지 않습니다. 새로운 위험이 부나 지위에 상관없이 모든 사람의 마음속에 들어왔습니다. 고통을 당하고 번영을 누리는 우리 모두를 묶어 주는 유대에 대한 보다 깊은 인식이 젊은이들과 노인들을 사로잡았습니다.

Check the Vocabulary

grip 사로잡다

🎧 20-03

The obstacles to democracy have little to do with culture or religion, and much more to do with the desire of those in power to maintain their position at any cost. This is neither a new phenomenon nor one confined to any particular part of the world. People of all cultures value their freedom of choice, and feel the need to have a say in decisions affecting their lives.

The United Nations, whose membership comprises almost all the States in the world, is founded on the principle of the equal worth of every human being. It is the nearest thing we have to a representative institution that can address the interests of all states, and all peoples. Through this universal, indispensable instrument of human progress, States can serve the interests of all their citizens by recognising common interests and pursuing them in unity. No doubt, that is why the Nobel Committee had in mind that it "wishes, in its centenary year, to proclaim that the only negotiable route to global peace and cooperation goes by way of the United Nations."

Check the Vocabulary

obstacle 장애물 | **to do with** ~와 관계가 있는 | **phenomenon** 현상 | **be confined to** ~에 제한되다 | **have a say** 발언권을 가지다 | **comprise** ~로 구성되다 | **indispensable** 없어서는 안 되는

민주주의를 가로막는 장애물은 문화나 종교와는 거의 무관하며 어떤 희생을 치러서라도 자신들의 지위를 유지하려는 집권자들의 욕망과 더 깊은 관계가 있습니다. 이것은 새로운 현상도 아니고 세계의 어느 특별한 한 지역에만 국한된 이야기도 아닙니다. 모든 문화권의 사람들은 선택의 자유를 중시하며 자신들의 삶에 영향을 미치는 결정에 대해 발언권을 가질 필요성을 느낍니다.

전 세계 거의 모든 국가들이 회원국인 UN은 모든 인간이 동등한 가치를 지니고 있다는 원칙에 바탕을 두고 있습니다. UN은 모든 국가와 모든 민족들의 이익을 다룰 수 있는 대표기관에 가장 근접한 기구입니다. 인류의 발전에 없어서는 안 되는 이 만인의 기구를 통해 국가들은 공통의 이익을 인식하고 단합하여 그것을 추구함으로써 자국 국민들의 이익에 기여할 수 있습니다. 의심의 여지 없이 바로 이런 이유 때문에 노벨 위원회는 '100주년을 맞이하여 세계 평화와 협력을 위한 유일한 협상 방법은 UN을 통하는 것이라고 선언하고 싶은' 생각을 가지고 있습니다.

Check the Vocabulary

proclaim 선언하다

 20-04

Your Majesties, Excellencies, Ladies and Gentlemen,

You will recall that I began my address with a girl born in Afghanistan today. Even though her mother will do all in her power to protect her and sustain her, there is a one-in-four risk that this girl will not live to see her fifth birthday. Whether she does is just one of the tests of our common humanity – of our belief in our individual responsibility for our fellow men and women. But it is the only test that matters.

Remember this girl and then our larger aims – to fight poverty, prevent conflict, or cure disease – will not seem distant, or impossible. Indeed, those aims will seem very near, and very achievable – as they should. Because beneath the surface of states and nations, ideas and language, lies the fate of individual human beings in need. Answering their needs will be the mission of the United Nations in the century to come.

Thank you very much.

Check the Vocabulary

recall 기억하다 | **matter** 중요하다 | **aim** 목표 | **in need** 도움을 필요로 하는

국왕 폐하, 왕비 폐하, 대사 및 장관 각하, 신사 숙녀 여러분,

여러분은 제가 연설을 시작하면서 오늘 아프가니스탄에서 태어난 여자아이를 언급한 것을 기억하실 겁니다. 아기의 엄마가 자신의 모든 힘을 다하여 아이를 보호하고 키운다 할지라도 이 여자아이가 다섯 살 생일까지 생존하지 못할 확률이 4분의 1입니다. 이 여자아이가 다섯 살을 넘기느냐 하는 문제는 동료들을 향한 우리의 개개인의 책임감에 대한 믿음인 우리의 공통된 인간성을 알아보는 하나의 시험일 뿐입니다. 하지만 이것은 정말 중요한 유일한 시험입니다.

이 여자아이를 기억하시면 빈곤과 싸우고 전쟁을 예방하거나 질병을 치유하려는 우리의 원대한 목표는 멀어 보이거나 불가능해 보이지 않을 것입니다. 사실 그 목표들은 아주 가깝고 성취할 가능성이 높아 보일 것이며 당연히 그래야 합니다. 왜냐하면 정부와 국가, 사상과 언어라는 표면 아래에는 도움이 필요한 인간 개개인의 운명이 놓여 있기 때문입니다. 그들의 필요에 응답하는 것이 앞으로 21세기에 UN이 수행할 임무가 될 것입니다.

대단히 감사합니다.

Earl Spencer's Eulogy for Princess Diana

스펜서 백작의 다이애나 왕세자비에 대한 송덕문

1997년 9월 6일, 웨스트민스터 대성당

다이애나 왕세자비의 남동생 스펜서 백작(Earl Spencer)이 누나를 잃은 슬픔을 표하고 누나의 공덕을 기리며 행한 조사이다.

'고대 사냥의 여신이라는 이름이 주어진 한 소녀가 결국에는 현대에서 가장 많이 사냥된 사람이었다'라는 대목에서 파파라치들과 언론의 지나친 관심으로 생전의 누나의 삶이 불편했음을 암시한다. 영국 3대 유력 일간지인 '가디언'에서 20세기 최고의 명연설문 중 하나로 선정할 정도로 훌륭한 문장들이다.

 21-01

I stand before you today, the representative of a family in grief, in a country in mourning, before a world in shock. We are all united, not only in our desire to pay our respects to Diana, but rather in our need to do so.

For such was her extraordinary appeal that the tens of millions of people taking part in this service all over the world, via television and radio, who never actually met her, feel that they, too, lost someone close to them in the early hours of Sunday morning. It is a more remarkable tribute to Diana than I can ever hope to offer her today.

Diana was the very essence of compassion, of duty, of style, of beauty. All over the world she was a symbol of selfless humanity, a standard-bearer for the rights of the truly downtrodden, a very British girl who transcended nationality. Someone with a natural nobility who was classless and who proved in the last year that she needed no royal title to continue to generate her particular brand of magic.

Check the Vocabulary

grief 비탄, 슬픔 | **mourning** 애도 | **via** ~를 경유하여, ~를 통하여 | **selfless** 이타적인 | **standard-bearer** 대표주자 | **downtrodden** 짓밟힌 | **transcend nationality** 국경을 초월하다

저는 오늘 슬픔에 잠겨 있는 한 가족, 애도 중인 한 국가를 대표해서 충격에 휩싸인 전 세계 앞에 섰습니다. 우리는 다이애나에 경의를 표하고 싶은 우리의 마음뿐만 아니라 그렇게 해야 한다고 느끼는 필요성에 있어서 모두가 한 마음입니다.

그녀의 엄청난 인기 때문에 실제로 그녀를 만나 본 적도 없는데 TV와 라디오를 통해 이 장례식에 참석하고 있는 세계 각지의 수천만 명은 그들도 일요일 새벽에 자신들과 가까운 누군가를 잃었다는 생각을 하고 있습니다. 이것은 제가 오늘 그녀에게 제대로 조의를 표할 수 있는 것보다 더 놀라울 정도로 다이애나의 위대함을 실증하는 것입니다.

다이애나는 동정심, 의무, 품위, 아름다움의 정수였습니다. 전 세계에서 그녀는 이타적인 인간의 상징이었고, 정말로 짓밟힌 사람들의 권리를 위한 대표주자였으며, 국적을 초월한 정말 영국인다운 소녀였습니다. 사회적 계급이 없이 태생적으로 고결한 사람이었고 작년에는 그녀만의 특별한 매력을 계속해서 생산해 내는 데는 왕실 직함이 필요 없다는 걸 증명해 보인 사람이었습니다.

Check the Vocabulary

generate 만들어 내다

 21-02

Today is our chance to say thank you for the way you brightened our lives, even though God granted you but half a life. We will all feel cheated always that you were taken from us so young, and yet we must learn to be grateful that you came along at all. Only now you are gone do we truly appreciate what we are now without, and we want you to know that life without you is very, very difficult.

We have all despaired at our loss over the past week, and only the strength of the message you gave us through your years of giving has afforded us the strength to move forward.

There is a temptation to rush to canonise your memory. There is no need to do so. You stand tall enough as a human being of unique qualities not to need to be seen as a saint.

Indeed, to sanctify your memory would be to miss out on the very core of your being, your wonderfully mischievous sense of humour, with a laugh that bent you double. Your joy for life transmitted wherever you took your smile and the sparkle in those unforgettable eyes. Your boundless energy, which you could barely contain.

Check the Vocabulary

grant 주다 | **cheat** 속이다 | **despair** 절망하다 | **temptation** 유혹, 충동 | **canonise** 성자의 반열에 올리다 | **saint** 성인 | **sanctify** 신성하게 하다 | **mischievous** 장난기 어린, 짓궂은 | **sparkle** 광채

비록 신이 당신에게 반생만을 주었지만 오늘은 당신이 우리의 삶을 밝게 한 방식에 대해 당신에게 고맙다는 말을 전할 기회입니다. 우리 모두 당신이 너무 젊은 나이에 우리 곁을 떠난 데에 대해 늘 속았다는 기분이 들 것입니다. 그러나 우리는 당신이 어쨌든 나타났었다는 것에 대해 감사해야 합니다. 당신이 떠난 지금에서야 우리는 당신이 지금 없다는 것을 깊이 인식하고 있습니다. 당신 없는 삶이 매우, 매우 힘들다는 것을 알려 주고 싶군요.

우리 모두 지난 한 주 동안 당신을 잃은 슬픔에 절망해 있었으나 당신이 수년 동안 베풂을 통해서 우리에게 보낸 메시지의 힘만은 우리에게 전진할 수 있는 힘을 주었습니다.

당신의 기억을 성좌의 반열에 올리고 싶은 충동이 있습니다만 그렇게 할 필요 없습니다. 당신은 성인으로 보일 필요가 없을 정도로 독특한 자질을 가진 인간으로 우뚝 서 있습니다.

사실은 당신의 기억을 신성하게 하는 것은 당신의 핵심, 허리가 꺾일 정도로 웃는 당신의 멋지게 귀여운 유머 감각을 놓치게 할 것입니다. 당신이 미소와 그 잊을 수 없는 반짝거리는 눈을 가지고 가는 곳마다 당신의 생명애가 전달되었습니다. 당신의 끝없는 에너지는 가까스로 가눌 정도였습니다.

Check the Vocabulary

boundless 끝없는

 21-03

But your greatest gift was your intuition, and it was a gift you used wisely. This is what underpinned all your other wonderful attributes, and if we look to analyse what it was about you that had such a wide appeal, we find it in your instinctive feel for what was really important in all our lives. Without your God-given sensitivity we would be immersed in greater ignorance at the anguish of AIDS and HIV sufferers, the plight of the homeless, the isolation of lepers, the random destruction of landmines.

Diana explained to me once that it was her innermost feelings of suffering that made it possible for her to connect with her constituency of the rejected. And here we come to another truth about her. For all the status, the glamour, the applause, Diana remained throughout a very insecure person at heart, almost childlike in her desire to do good for others so she could release herself from deep feelings of unworthiness, of which her eating disorders were merely a symptom. The world sensed this part of her character and cherished her for her vulnerability whilst admiring her for her honesty.

Check the Vocabulary

intuition 직관력 | **attribute** 특질 | **immerse** ~에 빠지게 하다 | **ignorance** 무지 | **anguish** 고민 | **plight** 곤경 | **leper** 나병 환자 | **landmine** 지뢰 | **innermost** 가장 내밀한

그러나 당신의 가장 뛰어난 재능은 직관력이었고 당신은 그것을 현명하게 사용했습니다. 이것이 당신의 다른 모든 훌륭한 특질을 떠받쳐 준 것입니다. 우리가 그렇게 널리 인기가 있었던 당신에 대해 그것이 무엇이었는지 분석해 본다면, 우리는 우리의 모든 생활에서 무엇이 정말로 중요한가에 대한 당신의 직관에서 그것을 찾습니다. 신이 부여한 당신의 감수성이 없었다면, 우리는 에이즈로 고통받는 사람들의 고민, 노숙자들의 곤경, 나병 환자 격리, 무분별한 지뢰 파괴 등에 대해 더욱 더 큰 무지에 빠져 있을 것입니다.

다이애나는 그녀를 지지하는 거절당한 사람들과 자신이 공감할 수 있게 한 것은 자신의 가장 내밀한 고통감이었다고 저한테 설명한 적이 있습니다. 그리고 오늘 여기에서 우리는 그녀에 관한 또 하나의 진실을 밝힙니다. 다이애나는 지위, 아름다운 매력, 칭찬에도 불구하고, 마음속은 내내 불안한 사람이었지만, 다른 사람들을 위해 좋은 일을 하고 싶다는 어린아이 같은 마음을 가지고 있었고 그래서 자격이 없다는 깊은 느낌을 떨쳐 버릴 수 있었고 그녀가 갖고 있는 섭식 장애는 단지 하나의 증상밖에 되지 않았습니다. 그녀의 이러한 성격을 감지한 세계는 그녀의 정직함에 경의를 표하며 약한 그녀를 소중히 돌봤습니다.

Check the Vocabulary

constituency 지지층, 선거구민 | **glamour** 아름다운 매력 | **insecure** 불안한 | **unworthiness** 가치 없음, 하찮음 | **eating disorder** 섭식 장애

 21-04

The last time I saw Diana was on July 1, her birthday, in London, when typically she was not taking time to celebrate her special day with friends but was guest of honour at a fundraising charity evening. She sparkled of course, but I would rather cherish the days I spent with her in March when she came to visit me and my children in our home in South Africa. I am proud of the fact that, apart from when she was on public display meeting President Mandela, we managed to contrive to stop the ever-present paparazzi from getting a single picture of her — that meant a lot to her.

These were days I will always treasure. It was as if we had been transported back to our childhood when we spent such an enormous amount of time together — the two youngest in the family.

Fundamentally, she hadn't changed at all from the big sister who mothered me as a baby, fought with me at school and endured those long train journeys between our parents' homes with me at weekends.

Check the Vocabulary

apart from ~을 제외하고, ~ 이외는 | **contrive** 어떻게 해서든 ~하다 | **ever-present** 항상 존재하는 | **treasure** 소중히 하다

마지막으로 다이애나를 본 것은 런던에서 그녀의 생일날인 7월 1일이었습니다. 보통 그녀는 친구들과 특별한 날을 축하하기 위해 시간을 내지 않는데, 그날은 자선 모금을 위한 저녁 모임의 주빈이었습니다. 물론 그녀는 눈빛이 반짝거렸습니다. 그러나 저는 제가 3월에 그녀와 함께 보낸 날들을 소중히 간직하고 싶습니다. 그녀가 저와 제 아이들을 만나기 위해 남아프리카에 있는 저의 집을 방문했을 때였죠. 저는 그녀가 넬슨 만델라 대통령과 만났던 공개 회동 외에는 우리가 어떻게 해서든 파파라치가 늘 해 오던 것처럼 그녀의 사진을 찍지 못하게 막았다는 사실을 자랑스러워하는데 이것은 그녀에게 많은 의미가 있었습니다.

이날들이 제가 앞으로 계속 간직할 날들이었습니다. 그것은 마치 우리가, 가족 중 가장 어린 우리 둘이 많은 시간을 함께 보냈던 우리의 어린 시절로 다시 보내진 것 같았습니다.

기본적으로 그녀는 저를 아기로 보고 엄마처럼 돌본 큰누나에서 전혀 변한 게 없었습니다. 학교에서 저와 싸우고 주말에 저와 함께 부모님 집으로 가던 그 긴 열차 여행을 견뎌 냈던 때의 모습을 보였습니다.

 21-05

It is a tribute to her level-headedness and strength that despite the most bizarre life imaginable after her childhood, she remained intact, true to herself.

There is no doubt that she was looking for a new direction in her life at this time. She talked endlessly of getting away from England, mainly because of the treatment that she received at the hands of the newspapers. I don't think she ever understood why her genuinely good intentions were sneered at by the media, why there appeared to be a permanent quest on their behalf to bring her down. It is baffling.

My own and only explanation is that genuine goodness is threatening to those at the opposite end of the moral spectrum. It is a point to remember that of all the ironies about Diana, perhaps the greatest was this: a girl given the name of the ancient goddess of hunting was, in the end, the most hunted person of the modern age.

Check the Vocabulary

level-headedness 냉철함 | **bizzare** 별난 | **sneer** 비웃다 | **quest** 탐구 | **on their behalf** 그들을 대신해서 | **baffling** 당혹스러운 | **genuine goodness** 순수한 미덕 | **opposite end** 반대쪽

어린 시절 이후 상상할 수 있는 가장 별난 삶에도 불구하고 그녀가 자신에게 충실했던 것은 그녀의 냉철함과 강인함의 소산입니다.

그녀가 이 시점에서 그녀의 인생에 새로운 방향을 찾고 있었음은 분명합니다. 그녀는 영국에서 벗어나는 것에 대해 끝없이 얘기했습니다. 주로 그녀가 언론에게 당한 대우 때문이었죠. 저는 왜 그녀의 순수한 선의가 언론에 의해 비웃음당했고, 왜 그들을 대신해서 그녀를 끌어내리려는 영원한 탐색이 있었던 것처럼 보였는지를 그녀가 이해했다고 생각하지 않습니다. 이것은 당혹스러운 문제입니다.

저의 유일한 설명은 순수한 미덕은 도덕적 스펙트럼의 반대쪽에 있는 자들에게 위협적이라는 것입니다. 다이애나에 대한 모든 아이러니들 중에서 아마도 가장 큰 것은 이것일 것입니다. 즉, 고대 사냥의 여신이라는 이름이 주어진 한 소녀가 결국에는 현대에서 가장 많이 사냥된 사람이었다는 것은 유념해 볼 점입니다.

Check the Vocabulary

ancient goddess of hunting 고대 사냥의 여신

Nelson Mandela's Inaugural Address

넬슨 만델라의 대통령 취임 연설

1994년 5월 10일, 남아프리카공화국 프리토리아

넬슨 만델라(Nelson Mandela)는 남아프리카공화국 역사상 최초의 흑인 민선 대통령이다. 1995년에는 대통령, 2001년에는 전임 대통령의 자격으로 두 차례나 우리나라를 방문했다. 세계적인 명연설가 반열에 올라 있는 넬슨 만델라는 남아프리카 태생이지만 영국에서 유학하여 영국식 발음을 구사한다. 그는 품격 있는 고급스러운 문장을 구사하여 연설해 나가는데 이 연설 말미에 나오는 '이 아름다운 땅이 또다시 누군가의 억압을 당하거나 세계의 스컹크가 되는 모욕을 당하는 일은 결코 일어나서는 안 되겠습니다.'라는 문장에서 마치 그가 연설문을 손으로 쓰고 입으로 말하는 것이 아니라 가슴으로 말하는 듯한 인상을 받게 된다.

Your Majesties, Your Royal Highnesses, Distinguished Guests, Comrades and Friends:

Today, all of us do, by our presence here, and by our celebrations in other parts of our country and the world confer glory and hope to newborn liberty. Out of the experience of an extraordinary human disaster that lasted too long, must be born a society of which all humanity will be proud. Our daily deeds as ordinary South Africans must produce an actual South African reality that will reinforce humanity's belief in justice, strengthen its confidence in the nobility of the human soul and sustain all our hopes for a glorious life for all. All this we owe both to ourselves and to the peoples of the world who are so well represented here today.

Check the Vocabulary

Royal Highness 전하 | **distinguished guest** 귀빈 | **comrade** 전우, 동지 | **confer** 주다 | **deed** 행동, 행위 | **confidence** 믿음, 신뢰 | **nobility** 고귀함 | **sustain** 유지하다, 지속하다

폐하, 전하, 귀빈 여러분, 전우와 동지 여러분,

오늘 우리는 모두 이곳에 모여 우리나라의 다른 지역들과 전 세계에서 축하하며 새로이 탄생한 자유에 영광과 희망을 주게 되었습니다. 너무 오랜 시간 동안 지속되었던 끔찍한 인재에서 벗어나 전 인류가 자긍심을 갖게 될 한 사회가 탄생되었음이 분명합니다. 평범한 남아프리카공화국 국민들인 우리의 일상적인 행위에서 남아프리카의 실제 현실이 보여야 합니다. 이 현실을 통해 정의에 대한 인류의 믿음을 굳건히 하고 고귀한 인간 정신에 대한 믿음을 강화시키며 전 세계인의 영광스러운 삶에 대한 우리의 희망을 계속 유지해 나가야 할 것입니다. 이 모든 것은 우리 자신과 오늘 이 자리에 함께해 주신 전 세계 여러분들을 위해 해야 할 일입니다.

Check the Vocabulary

represent 대표하다

 22-02

To my compatriots, to my compatriots I have no hesitation in saying that each one of us is as intimately attached to the soil of this beautiful country as are the famous jacaranda trees of Pretoria and the mimosa trees of the bushveld. Each time one of us touches the soil of this land, we feel a sense of personal renewal. The national mood changes as the seasons change. We are moved by a sense of joy and exhilaration when the grass turns green and the flowers bloom. That spiritual and physical oneness we all share with this common homeland explains the depth of the pain we all carried in our hearts as we saw our country tear itself apart in a terrible conflict, and as we saw it spurned, outlawed and isolated by the peoples of the world, precisely because it has become the universal base of the pernicious ideology and practice of racism and racial oppression. We, the people of South Africa, feel fulfilled that humanity has taken us back into its bosom, that we, who were outlaws not so long ago, have today been given the rare privilege to be host to the nations of the world on our own soil.

Check the Vocabulary

compatriot 동포 | **exhilaration** 흥분 | **oneness** 단일성, 통일 | **spurn** 퇴짜 놓다, 거절하다 | **outlaw** 사회에서 매장하다, 사회로부터의 추방자 | **isolate** 고립시키다, 격리하다

동포 여러분, 동포 여러분, 우리 하나하나는 프리토리아의 그 유명한 자카란다 나무들과 총림지대의 미모사 나무들처럼 이 아름다운 나라의 토양과 끈끈하게 연결되어 있다고 주저없이 말씀드립니다. 우리 중 한 사람이 이 땅의 토양을 만질 때마다 우리는 개인적으로 새로워짐을 느낍니다. 계절이 바뀌면서 나라의 분위기도 바뀝니다. 잔디가 푸르러지고 꽃이 피면 우리는 기쁨과 흥분에 감격합니다. 우리가 이 조국과 공유하는 그 정신적, 육체적 일체감은 우리 모두가 가슴속에 지닌 심한 고통을 말해 줍니다. 우리의 조국이 끔찍한 갈등 속에서 분열되고, 세상 사람들에게서 버림받고, 매장당하고, 고립되는 것을 보면서 우리의 가슴속에는 쓰라린 고통이 새겨졌던 겁니다. 그것은 바로 우리 조국이 악의적인 이데올로기와 인종차별주의 및 인종탄압이 자행되는 보편적인 기지가 되어 버렸기 때문이죠. 하지만 우리 남아프리카 국민들은 지금 성취감을 느낍니다. 인류가 우리를 다시 그 품속에 감싸 주었고, 얼마 전까지만 해도 세상으로부터 매장당했던 우리가 이제는 우리 자신의 땅에서 세계 국가들을 맞이하는 귀한 특권을 얻었기 때문입니다.

Check the Vocabulary

pernicious 사악한, 해로운

 22-03

We thank all our distinguished international guests for having come to take possession with the people of our country of what is, after all, a common victory for justice, for peace, for human dignity. We trust that you will continue to stand by us as we tackle the challenges of building peace, prosperity, non-sexism, non-racialism and democracy. We deeply appreciate the role that the masses of our people and their political mass democratic, religious, women, youth, business, traditional and other leaders have played to bring about this conclusion. Not least among them is my Second Deputy President, the Honourable F.W. de Klerk. We would also like to pay tribute to our security forces, in all their ranks, for the distinguished role they have played in securing our first democratic elections and the transition to democracy, from blood-thirsty forces which still refuse to see the light.

The time for the healing of the wounds has come.
The moment to bridge the chasms that divide us has come.
The time to build is upon us.

Check the Vocabulary

tackle 대결하다, 달라붙다 | **Second Deputy President** 제2부통령 | **transition** 이양 | **blood-thirsty** 피에 굶주린 | **chasm** 깊이 갈라진 틈

오늘 우리 국민들과 함께 정의, 평화, 인간의 존엄성에 대한 공동의 승리를 위해 외국에서 와 주신 귀빈 여러분께 감사드립니다. 우리가 평화, 번영, 남녀평등, 인종간 평등, 민주주의 구축이라는 도전들을 이겨 낼 때마다, 여러분들이 우리 곁에 계속 남아주실 것이라고 믿습니다. 우리가 이러한 결말에 이르기까지 우리 국민 대중을 비롯한, 대중 민주주의, 종교, 여성, 젊은이, 업계, 전통 및 기타 지도자들이 각자의 맡은 역할을 해주신 데 대해 깊이 감사드립니다. 그중에서도 특히 제2부통령 데 클레르크께 감사드립니다. 아울러 우리나라 최초의 민주 선거와 민주정부로의 이양을 여전히 세상의 빛을 보기를 거부하는 피에 굶주린 세력들로부터 지켜 주며 훌륭한 역할을 수행한 모든 UN군에게 찬사를 보냅니다.

상처를 치유해야 할 시간이 왔습니다.
우리를 갈라놓은 틈 위에 다리를 놓을 때가 왔습니다.
건설할 시간이 우리에게 다가왔습니다.

🎧 22-04

We have, at last, achieved our political emancipation. We pledge ourselves to liberate all our people from the continuing bondage of poverty, deprivation, suffering, gender and other discrimination. We succeeded to take our last steps to freedom in conditions of relative peace. We commit ourselves to the construction of a complete, just and lasting peace. We have triumphed in the effort to implant hope in the breasts of the millions of our people. We enter into a covenant that we shall build the society in which all South Africans, both black and white, will be able to walk tall, without any fear in their hearts, assured of their inalienable right to human dignity — a rainbow nation at peace with itself and the world.

As a token of its commitment to the renewal of our country, the new Interim Government of National Unity will, as a matter of urgency, address the issue of amnesty for various categories of our people who are currently serving terms of imprisonment. We dedicate this day to all the heroes and heroines in this country and the rest of the world who sacrificed in many ways and surrendered their lives so that we could be free. Their dreams have become reality. Freedom is their reward. We are both humbled and elevated by the honour and privilege that you, the people of South Africa, have bestowed on us, as the first President of a united, democratic, non-racial and non-sexist South Africa, to lead our country out of the valley of darkness.

Check the Vocabulary

emancipation 해방 | **bondage** 굴레, 속박 | **deprivation** 결핍, 박탈 | **gender** 성 | **discrimination** 차별 | **triumph** 성공하다 | **enter into** (관계, 계약 등을) 맺다 | **covenant** 계약, 서약

우리는 마침내 정치적 해방을 이룩했습니다. 우리는 계속되어 온 가난, 결핍, 고통, 성차별 등의 굴레로부터 모든 사람들을 해방시킬 것을 분명히 약속드립니다. 우리는 상대적인 평화의 상황에서 자유로 가는 우리의 마지막 걸음을 내딛는 데 성공했습니다. 우리는 완전하고, 정당하며 지속적인 평화의 구축에 헌신할 것입니다. 우리는 수백만 우리 국민들의 가슴속에 희망을 심으려는 노력에서 성공했습니다. 이제 우리는 남아프리카공화국 흑인과 백인 모두 그들에게서 빼앗을 수 없는 인간의 존엄성에 대한 권리를 확신하며 마음속에 어떠한 두려움도 없이 가슴을 펴고 다닐 수 있는 사회를 건설할 것을 약속합니다. 국내에서도 그리고 세계적으로도 평화로운 관계를 유지하는 무지개 국가를 만들 것을 분명히 말씀드립니다.

우리나라의 재탄생을 약속하는 징표로 새로운 임시 국민통합정부는 현재 복역 중인 다양한 분야의 재소자들에 대한 사면 문제를 긴급하게 해결할 것입니다. 우리는 우리를 자유롭게 하기 위해 여러 면에서 희생하고 자신들의 목숨을 맡긴 이 나라와 전 세계의 영웅들에게 이날을 바칩니다. 그분들의 꿈은 현실이 되었습니다. 그들의 희생의 대가는 자유입니다. 우리는 여러분, 남아프리카 국민 여러분이 통합되고, 민주적이며, 인종차별과 성차별이 없는 남아공 최초의 대통령으로서 우리나라를 이끌어 어둠의 계곡에서 벗어날 수 있도록 저희에게 부여해 주신 영예와 특권으로 겸허해지며 고무되어 있습니다.

Check the Vocabulary

inalienable 양도할 수 없는 | **token** 징표 | **dedicate** 바치다 | **bestow** 주다 | **valley** 계곡

🎧 22-05

We understand it still that there is no easy road to freedom. We know it well that none of us acting alone can achieve success. We must therefore act together as a united people, for national reconciliation, for nation building, for the birth of a new world.

Let there be justice for all.
Let there be peace for all.
Let there be work, bread, water and salt for all.
Let each know that for each the body, the mind and the soul have been freed to fulfil themselves.

Never, never and never again shall it be that this beautiful land will again experience the oppression of one by another and suffer the indignity of being the skunk of the world.
The sun shall never set on so glorious a human achievement!
Let freedom reign.

God bless Africa!

Thank you.

Check the Vocabulary

reconciliation 화합 | **indignity** 모욕 | **skunk** 족제빗과(一科 Mustelidae)에 속하는 11종(種)의 신세계산 육식동물. 이들은 항문의 어느 한쪽에 위치하고 있는 샘[腺]에서 만들어지는 공격용 냄새로 유명하다

자유로 가는 길이 평탄치 않다는 것을 알고 있습니다. 홀로 행동하는 사람은 성공할 수 없다는 것도 잘 압니다. 따라서 우리는 통합된 국민으로서 국가의 화합, 국가의 건설, 새로운 세계의 탄생을 위해 함께 행동해야 합니다.

모든 사람들에게 정의를 안겨 줍시다.
모든 사람들이 평화를 누리게 해 줍시다.
모든 사람들에게 일자리와 빵과 물과 소금을 줍시다.
각 개인은 자신의 역량을 십분 발휘할 수 있도록 몸과 마음과 영혼이 자유롭다는 그들에게 알립시다.

이 아름다운 땅이 또다시 누군가의 억압을 당하거나 세계의 스컹크가 되는 모욕을 당하는 일은 결코 일어나서는 안 되겠습니다.
이토록 영광스러운 인간의 업적에 태양이 지지는 않을 것입니다.
이제 자유가 군림하게 합시다.

신의 축복이 아프리카에 내리기를 바랍니다.

감사합니다.

Check the Vocabulary

reign 군림하다

Princess Diana's Speech on Depression

다이애나 왕세자비의 우울증에 대한 연설

1993년 6월 1일, Turning Point 회의

영국 국민과 세계인의 이목을 집중시켰던 영국의 왕세자비로 웨일스 공(公) 찰스의 비(妃)이자(1981년 결혼) 영국의 왕위계승 서열 가운데 2번째인 윌리엄 왕자의 어머니인 다이애나 스펜서(Diana Spencer)는 찰스와는 1980년에 친해졌다. 집안끼리 오랜 친구 사이였던 찰스 왕세자와 다이애나의 약혼은 1981년 2월에 발표되었고. 1981년 7월 29일 세인트폴 성당에서 성대하게 치러진 결혼식은 전 세계에 텔레비전으로 생중계되었다. 다이애나는 타고난 매력과 카리스마를 발휘하면서 자신의 신분을 이용해 가난한 어린이들이나 후천성면역결핍증(AIDS) 환자들을 돕는 등 자선 활동을 활발히 벌였지만 남편 찰스와의 불화는 깊어 갔다. 다이애나는 심한 산후 우울증과 의기소침, 식욕 부진 등으로 고통받았고, 왕실을 공식 취재하는 기자들에게 시달렸으며, 시도 때도 없이 사생활을 침해하는 타블로이드판 신문기자들, 그중에서도 특히 파파라치들에게 끊임없이 추적당하는 데서 고통스러워했다. 이들 부부는 결국 1992년 공식 별거에 들어갔고 1996년 8월 이혼이 최종 확정되었다. 1997년에 다이애나는 '도디' 알 파예드와 연인 관계가 되었는데, 두 사람은 파리에서 파파라치의 추격을 피해 고속 질주하다가 자동차 사고로 사망했다. 영국 명연설문 베스트 30에 다이애나 전 왕세자비를 넣은 이유는 간단하다. 영국뿐만 아니라 전 세계에 가장 많이 알려진 인물 중 한 명인 Lady Diana Spencer의 연설문을 듣고 싶은 한국의 독자들이 많지 않을까 하고 판단했기 때문이다. 자, 그러면, 한번 들어 보시죠.

 23-01

Where do we begin?

From those I have spoken to through my work with 'Turning Point,' the beginning seems to be that women in our society are seen as the carers — the ones who can cope. Whatever life throws at them — they will always cope.

On call twenty-four hours a day, seven days a week, whether their children are sick, their husbands are out of work or their parents are old and frail and need attending — they will cope. They will cook and clean, go out to work, attend to the needs of those around them — and they will cope.

They may be suffering themselves, from post natal depression, violence in the home or struggling in a daze of exhaustion and stress to make ends meet — but they will cope.

Strangely, it is women themselves as well as men who believe this to be true. So deep seated is this belief that it can take enormous courage for women to admit they cannot cope, that they may need help. Either from family and friends or the support systems put in place by you the professionals.

Check the Vocabulary

out of work 실직한 | **frail** 쇠잔한 | **attend to** ~을 처리하다, ~을 돌보다 | **post natal depression** 산후 우울증 | **in a daze** 어리둥절한, 혼란스러운 | **exhaustion** 기진맥진, 지침

어디에서 시작하죠?

제가 Turning Point에 참여해서 사람들과 나눠 본 대화에 근거할 때, 시작은 우리 사회의 여성들이 문제를 처리할 수 있는 사람들, 즉 돌보는 사람들로 보인다는 것 같습니다. 그들의 인생에 어떤 나쁜 일이 발생하든 그들은 언제나 잘 처리할 것이라는 거죠.

그들의 자녀들이 아프든, 그들의 남편이 실업자이거나 그들의 부모가 노령이고 쇠잔하고 돌봐 주어야 할 상황이든, 24시간 내내 준비하고 있다가 전화가 오면 잘 처리해 냅니다. 그들은 요리하고, 청소하고, 일하러 나가고, 주변 사람들이 필요로 하는 것을 돌보면서 잘 처리해 냅니다.

그들 자신이 산후 우울증, 가정 폭력으로 고통을 받거나 몹시 지치고 심한 스트레스로 혼란스러운 상태에서 힘들게 생계를 꾸려 나갈 수도 있지만 그들은 잘해 냅니다.

이상하게도, 이것이 사실이라고 믿는 사람들은 남자들뿐만 아니라 여성 자신들입니다. 그래서 이러한 믿음이 깊게 자리 잡고 있어 여성들이 잘해 낼 수 없다고 인정하기까지는 여성들에게는 엄청난 용기가 필요할 수 있고 그들은 도움이 필요할지도 모릅니다. 가족과 친구들 또는 전문가들인 여러분들이 취하는 지원 제도의 도움 말입니다.

Check the Vocabulary

deep-seated 깊게 자리 잡은

🎧 23-02

Frequently they will attempt to survive it alone, falling 'helplessly' into a deeper and darker depression as they feel more and more trapped by the life they are leading. As their world closes in on them their self esteem evaporates into a haze of loneliness and desperation as they retreat further and further from those who could help them.

Many women and men turn to alcohol to numb the pain of their despair. But because it is seen in women as less acceptable to admit to a dependence on alcohol, it often goes unnoticed. They are merely perceived as having a 'rather nervous disposition.' The suffering behind their anxious eyes so often goes unseen.

Sadly for others the strain becomes too much and their decision to take their own life seems to them the only way of ending their pain. Perhaps they didn't believe they deserved the same support they had given to others.

Check the Vocabulary

helplessly 속절없이 | **close in on** 포위하다 | **self esteem** 자존심 | **evaporate** 증발하다, 사라지다 | **haze** (정신, 지각의) 몽롱 | **retreat** 물러서다 | **turn to** 의존하다 | **numb** 완화시키다

그들이 사는 삶에 갇혔다는 느낌을 점점 더 많이 받으면서 '속절없이' 더 깊고 더 어두운 우울증에 빠지면 그들은 흔히 혼자서 견뎌 내려고 시도할 것입니다. 그들의 세계가 그들에게 좁혀 들어오면서, 그들의 자존심은 몽롱한 고독과 자포자기로 물거품이 되고 자신들을 도와줄 수 있는 사람들로부터 더욱 더 멀어집니다.

많은 사람들이 자신들의 절망의 고통을 완화시키기 위해 알코올에 의존합니다. 그러나 알코올 의존을 시인한다는 것은 여성들에게는 받아들일 만한 것이 아니기 때문에 그것은 종종 간과됩니다. 그들은 단지 좀 '신경질적인 성격'을 갖고 있다고 생각됩니다. 그들의 걱정스러운 눈 이면에 있는 그 고통은 너무나 자주 눈에 띄지 않습니다.

안타깝게도 다른 사람들에게 이 부담이 너무 심해 자신들의 목숨을 끊으려는 그들의 결정이 그들에게는 고통을 끝낼 수 있는 유일한 방법으로 보입니다. 어쩌면 그들은 그들이 다른 사람들에게 준 똑같은 지원을 받을 자격이 있다는 것을 믿지 않았을 것입니다.

Check the Vocabulary

go unnoticed 간과되다 | **disposition** 성격 | **strain** 부담, 긴장 | **take one's own life** 목숨을 끊다

 23-03

For those who find the courage tentatively to ask for help the 'pill for every ill' is most often administered. For decades tranquilizers, sleeping pills and anti-depressants have been given to generations of women — three times as many as to men!

These pills, these 'mother's little helpers' have left a legacy of millions of women locked into a terrible torment, doomed to a life of dependence from which there is still very little help to escape. More often than not they retreat into their own private hell behind closed doors. Terrified to go out of their homes into what to them has become a frightening world. Dealing with these pills has now become a greater problem than the 'condition' that caused them to be taken in the first place!

Recently, I met a woman who against the odds had succeeded in getting off the tranquilizers she had been prescribed to help with her post natal depression. She had been taking these pills for over thirty years! Giving herself permission to give them up had not been easy but with specialist help she had won!

Check the Vocabulary

administer 투여하다 | **tranquilizer** 진정제 | **anti-depressant** 항울제 | **torment** 고통 | **doom to** ~하도록 운명 짓다, ~하도록 만들다 | **condition** 병 | **get off the tranquilizer** 진정제를 끊다

조심스럽게 도움을 요청하기 위한 용기를 발견하는 사람들에게는 '만병통치약'이 흔히 투여됩니다. 수십 년 동안 진정제, 수면제 그리고 항우울제가 여러 세대의 여성들에게 투여되었는데, 이는 남성들에 비해 세 배나 더 많은 것입니다!

'엄마들에게 좀 도움이 되는' 이 약들은 수백만 여성들이 끔찍한 고통에 갇히고, 위험에서 벗어나는 데 거의 도움이 되지 않는 이것들에 의존하게 만듭니다. 대개 그들은 닫힌 문 뒤에서 자신들만의 개인 지옥에 틀어박히게 됩니다. 이 여성들은 집을 떠나 무서운 세상이 되어 버린 곳으로 나오기를 두려워합니다. 이제 이러한 약들에 대처하는 것은 애초에 그들로 하여금 약을 복용하게 한 '병'보다 더 심각한 문제가 되었습니다!

최근 저는 역경을 딛고 자신의 산후 우울증 치료에 도움을 받고자 자신이 그동안 처방받아 왔던 진정제를 끊는 데 성공한 여성을 만났습니다. 그녀는 이 약들을 30년 이상 복용해 왔습니다! 이 약들을 끊도록 자신에게 허락한다는 것은 쉬운 일이 아니었지만 전문가의 도움으로 그녀는 성공했습니다.

Check the Vocabulary

prescribe 처방하다

 23-04

Her biggest realisation was that during those years she had completely lost touch with her own identity. She had now discovered that she was no longer the person others believed her to be. The drugs had closed her down. They had managed to turn her into an anxious zombie. At last she was now able to learn how to live again and become the person she was born to be.

Whether these drugs were given in a genuine attempt to help or whether they were offered as a means of making her more tranquil and acceptable to those around her, the effect can be the same. These pills will tend to make a woman more passive 'to help her conform to the norm.' But whose norm is it?

Isn't it normal not to be able to cope all the time? Isn't it normal for women as well as men to feel frustrated with life? Isn't it normal to feel angry and want to change a situation that is hurting?

Check the Vocabulary

zombie 초자연력에 의해 되살아난 시체 | **genuine** 순수한 | **tranquil** 고요한, 평온한 | **passive** 수동적인 | **conform to** ~에 따르다 | **norm** 규범, 전형 | **frustrate** 좌절하다

그녀의 가장 큰 깨달음은 그 오랜 세월 동안 자신의 정체성을 완전히 잊어버렸다는 것이었습니다. 지금 그녀는 자신이 더 이상 다른 사람들이 그녀라고 믿었던 사람이 아니었다는 것을 발견했습니다. 이 약들은 그녀를 폐쇄시켰습니다. 이 약들은 그녀를 불안한 좀비로 변형시키는 데 성공했던 겁니다. 드디어 그녀는 다시 사는 방법을 배워 그녀가 타고난 사람이 될 수 있었습니다.

이 약들이 돕기 위한 순수한 시도로 주어졌든, 그녀를 보다 평온하게 해서 주변 사람들에게 받아들여질 만한 사람으로 만들기 위한 수단으로 제공되었든, 그 효과는 같을 수 있습니다. 이 약들은 한 여성을 보다 수동적으로 만들어 그녀가 관행에 따르게 하는 경향을 보일 것입니다. 하지만 그것은 누구의 규범인가요?

언제나 잘해 낼 수 없는 것이 정상이지 않나요? 남성들뿐만이 아니라 여자들도 삶에 좌절감을 느끼는 것이 정상이지 않나요? 화가 나면 아프게 하는 상황을 변화시키고 싶은 것이 정상이지 않나요?

Perhaps we need to look more closely at the cause of the illness rather than attempt to suppress it. To accept that putting a lid on powerful feelings and emotions cannot be the healthy option. That to offer women the opportunity to explain their predicament sooner, could be a far more effective use of limited resources, rather than wait until their strength to survive has been sapped.

As long as the real reasons for their problems go unnoticed and unattended they will continue to pass on to the next generation their 'disability.'

If we as a society continue to disable women, by encouraging them to believe they should only do things that are thought to benefit their family even if these women are 'damaged' in the process; if they feel they never have the right to do anything that is just for themselves; if they feel they must sacrifice everything for their loved ones even at the cost of their health, their inner strength and their own self worth; they will live only in the shadow of others and their mental health will surely suffer. But if we can help to give them back their right to fulfil their own potential and to share that with their family, children or friends, maybe fewer women would find themselves living a life that is bleak beyond belief.

Check the Vocabulary

suppress 억제하다 | **put a lid on** ~을 억제하다 | **predicament** 곤경 | **sap** 서서히 빼앗다 | **pass on to** 물려주다 | **at the cost of** ~를 대가로, 희생하여 | **inner strength** 정신력

어쩌면 우리는 병을 억제하려고 시도하기보다 병의 원인을 더욱 면밀하게 살펴볼 필요가 있습니다. 강렬한 느낌과 감정에 대한 억제를 받아들인다는 것이 건전한 선택안이 될 수 없습니다. 여성들에게 그들의 곤경을 더 빨리 설명할 기회를 제공하는 것이 그들의 생존력이 약화될 때까지 기다리는 것보다 제한된 재원을 훨씬 더 효과적으로 이용하는 것일 수 있습니다.

그들의 문제에 대한 진정한 이유들이 간과되고 돌보아지지 않는 한 그들은 자신들의 '무능력'을 다음 세대에 계속 물려주게 될 것입니다.

우리가 한 사회로서 여성들이 그 과정에서 '피해'를 볼지라도 자신들의 가족에 이득이 된다고 생각되는 것들만을 해야 한다고 믿게 함으로써 여성들을 계속 망가뜨린다면, 그들이 자신들만을 위한 것을 할 수 있는 권리가 없다고 느낀다면, 그들이 심지어 자신들의 건강, 정신력, 그리고 자존심을 희생하면서까지 사랑하는 사람들을 위해 모든 것을 희생해야 한다고 느낀다면, 그들은 다른 사람들의 그늘 밑에서만 살게 되고, 그들의 정신 건강은 분명히 고통받게 될 것입니다. 그러나 우리가 그들이 잠재력을 발휘할 수 있도록 권리를 되돌려주고 그것을 가족, 자녀들이나 친구들과 공유할 수 있도록 도움을 줄 수 있다면, 아마도 극도로 절망적인 삶을 살아가는 여성들의 수는 줄어들 것입니다.

Check the Vocabulary

bleak 암담한, 비관적인

🎧 23-06

Those women who have taken on the heavy burden of attending to others need also to be attended. Not just for their own sake but for the good of us all. Health and happiness taken at the cost of other's pain and suffering cannot be acceptable. Women have a right to their own 'piece of mind.'

Each person is born with individual qualities and potential. We as a society owe it to women to create a truly supportive environment in which they too can grow and move forward. But if we are to help the quiet desperate lives lived behind closed doors by so many women, they need to know for certain they are not alone — that real support and understanding is there for them.

I hope this conference will help us to understand the needs of women more clearly and that you will find a way of reaching them more effectively and help to give them back their rightful, mentally healthy life.

Check the Vocabulary

take on 떠맡다 | **piece of mind** 솔직한 의견 | **rightful** 정당한, 당연한

다른 사람들을 돌보아야 한다는 무거운 부담을 떠맡은 여성들 또한 보살펴져야 합니다. 그들 자신을 위해서뿐만 아니라 우리 모두의 이익을 위해서 말입니다. 다른 사람을 아프게 하고 고통받게 하면서 갖게 되는 건강과 행복은 받아들일 수 없습니다. 여성들에게는 자신들의 '솔직한 의견'을 낼 권리가 있습니다.

누구나 각자 개인의 자질과 잠재력을 가지고 태어납니다. 우리는 한 사회로서 여성들을 위해 그들도 성장해서 전진할 수 있는, 진정으로 지원을 아끼지 않는 환경을 조성해야 합니다. 그러나 우리가 닫힌 문 뒤에서 조용히 절망적인 삶을 사는 수많은 여성들을 도우려고 한다면, 그들은 자신들이 홀로 있지 않고 그들을 위한 진정한 지지와 이해가 존재한다는 것을 분명히 알아야 합니다.

저는 이 회의가 우리들로 하여금 여성들이 필요로 하는 것을 보다 분명하게 이해하도록 돕고 여러분이 그들에게 보다 효과적으로 접촉할 수 있는 방법을 찾아 그들에게 정당하고, 정신적으로 건강한 삶을 되돌려줄 수 있기를 바랍니다.

Nelson Mandela's
Nobel Peace Prize Speech

넬슨 만델라의 노벨 평화상 수락 연설

1993년 12월 10일 노르웨이 오슬로

흑인 인권 운동가, 흑인 최초의 변호사, 흑인 최초의 대통령, ANC의장의 경력을 갖고 있는 넬슨 만델라는 44세였던 1962년 백인 소수 정부를 전복하려 했다는 반역 혐의로 체포되어 종신형을 선고받고 27년이나 수감생활을 했다. 남아프리카공화국의 악명 높은 Apartheid(흑인에 대한 인종차별 정책)를 철폐시키는 데 결정적인 업적을 남긴 공로로 1993년 노벨 평화상을 수상했으며, 이듬해 실시된 자유 총선거에서 약 65%의 지지율을 얻어 흑인 최초로 대통령에 당선되었다.

 24-01

We speak here of the challenge of the dichotomies of war and peace, violence and non-violence, racism and human dignity, oppression and repression and liberty and human rights, poverty and freedom from want. We stand here today as nothing more than a representative of the millions of our people who dared to rise up against a social system whose very essence is war, violence, racism, oppression, repression and the impoverishment of an entire people.

I am also here today as a representative of the millions of people across the globe, the anti-apartheid movement, the governments and organisations that joined with us, not to fight against South Africa as a country or any of its peoples, but to oppose an inhuman system and sue for a speedy end to the apartheid crime against humanity. These countless human beings, both inside and outside our country, had the nobility of spirit to stand in the path of tyranny and injustice, without seeking selfish gain. They recognised that an injury to one is an injury to all and therefore acted together in defense of justice and a common human decency.

Check the Vocabulary

dichotomy 이분(법), 양분 | **oppression** 억압 | **repression** 탄압 | **dare** ~할 용기가 있다, 감히 ~하다 | **racism** 인종 차별 | **impoverishment** 가난, 빈곤 | **anti-apartheid** 반인종차별

우리는 이 자리에서 전쟁과 평화, 폭력과 비폭력, 인종차별주의와 인간의 존엄성, 억압 및 탄압과 자유 및 인권, 가난과 궁핍으로부터의 해방이라는 양극적 난제에 대해 얘기하고 있습니다. 오늘 이 자리에 선 우리는 전쟁, 폭력, 인종차별주의, 억압, 탄압 그리고 전 국민의 빈곤이 본질인 사회 체제에 과감히 항거한 수백만 우리 국민의 대표일 뿐입니다.

저는 또한 오늘 우리에 동참한 전 세계 수백만 명의 사람들, 반인종격리운동, 정부와 단체들을 대표하여, 남아프리카라는 국가나 그 국가의 국민들과 싸우기 위해서가 아니라 비인간적인 체제에 반대하고 인간성에 반하는 인종차별 범죄에 대한 신속한 종식을 요청하기 위해 이 자리에 있는 것입니다. 우리나라 안팎의 이 수많은 사람들은 이기적인 이득을 찾지 않고 폭정과 부정에 맞서는 고결한 정신을 갖고 있었습니다. 그들은 한 사람에게 해를 끼치는 것은 모든 사람에게 해를 끼치는 것이라고 인식했기 때문에 정의와 공동의 인격을 지키기 위해 함께 행동했던 것입니다.

Check the Vocabulary

tyranny 폭압, 압제

🎧 24-02

Because of their courage and persistence for many years, we can, today, even set the dates when all humanity will join together to celebrate one of the outstanding human victories of our century. When that moment comes, we shall together rejoice in a common victory over racism, apartheid and white minority rule. That triumph will finally bring to a close a history of five hundred years of African colonisation that began with the establishment of the Portuguese empire.

Thus, it will mark a great step forward in history and also serve as a common pledge of the peoples of the world to fight racism, wherever it occurs and whatever guise it assumes. At the southern tip of the continent of Africa, a rich reward is in the making, an invaluable gift is in the preparation for those who suffered in the name of all humanity when they sacrificed everything — for liberty, peace, human dignity and human fulfillment.

Check the Vocabulary

persistence 끈기 | **white minority rule** 백인 소수 통치 | **bring to a close** ~을 끝내다 | **guise** 가장, 변장 | **assume** (어떠한 태도를) 취하다, (성질, 양상 등을) 띠다 | **tip** 끝

오랫동안 그들이 보여 준 용기와 끈기 덕분에 우리는 오늘 우리 세기에 이룩한 놀라운 인간의 승리 가운데 하나를 축하하기 위해 전 인류가 함께 모이게 될 날짜를 정하기까지 할 수 있는 겁니다. 그날이 오면, 우리들은 인종차별주의, 인종격리정책, 백인소수민족 통치에 대한 공동의 승리를 함께 기뻐할 것입니다. 포르투칼 제국이 세워지면서 시작된 500년간에 걸친 아프리카 식민지화 역사는 그 승리로 드디어 막을 내리게 될 것입니다.

따라서 그것은 역사의 위대한 진일보가 될 것이며 또한 인종차별주의가 어디에서 발생하든, 어떤 모습을 취하든 인종차별주의와 싸우겠다는 전 세계 모든 사람들의 공동 다짐이 될 것입니다. 아프리카 대륙의 남단에서는 자유, 평화, 인간의 존엄성 그리고 인간성의 실현을 위해 모든 것을 희생하면서, 전 인류를 대신하여 고통을 겪은 분들을 위해 값진 보상이 진행되고 있고 귀중한 선물이 준비되고 있습니다.

Check the Vocabulary

in the making 제작 중인 | **fulfillment** 실현, 성취

Margaret Thatcher's
1982 Falklands Invasion Speech

마거릿 대처의 1982년 포클랜드 제도 침공 규탄 연설

1982년 4월 3일, 영국 하원

영국의 제71대 총리를 지낸 마거릿 대처는 1925년 영국 동부 그랜드햄에서 식료가게를 운영하는 중산층의 딸로 태어났다. 독일의 앙겔라 메르켈 총리, 한국의 박근혜 대통령, 미국의 힐러리 클린턴 전 국무장관 등 많은 여성 정치인들 중에서 가장 먼저 떠올릴 수 있는 대표적인 여성 정치가 중 한 명이다. 1979년부터 1990년까지 세 차례나 총선을 승리로 이끈 영국 최초이자 유일한 여성 총리이다.

남아메리카 남단에 위치한 포클랜드 제도의 영유권을 둘러싸고 19세기부터 아르헨티나와 영국이 싸워 왔다. 1982년 4월 2일 아르헨티나 군사정권은 일방적으로 포클랜드 제도를 침공했는데, 본 연설은 이날 대처 총리가 하원에서 아르헨티나 군의 포클랜드 침공을 발표하면서 행한 연설이다. 대처 총리는 총리로 11년간 재임하면서 가장 기억에 남는 일이 포클랜드 분쟁이었다고 말한다. 총리 취임 이후 떨어진 인기를 단번에 만회할 수 있었던 것은 바로 이 포클랜드 분쟁의 승리 때문일 것이다. 대처 특유의 명료하고, 확고하고, 타협하지 않는 연설 특징이 잘 나타나 있어 영국 영어의 진수를 맛볼 수 있는 좋은 기회다.

 25-01

Mr. Speaker, sir, the House meets this Saturday to respond to a situation of great gravity. We are here because, for the first time for many years, British sovereign territory has been invaded by a foreign power. After several days of rising tension in our relations with Argentina, that country's armed forces attacked the Falkland Islands yesterday and established military control of the islands.

Mr. Speaker, yesterday was a day of rumour and counter-rumour. Throughout the day we had no communication from the Government of the Falklands. Indeed, the last message we received was at 21:55 hours on Thursday night, 1 April. By late afternoon yesterday it became clear that an Argentine invasion had taken place and that the lawful British Government of the islands had been usurped.

Mr. Speaker, I am sure that the whole House will join me in condemning totally this unprovoked aggression by the Government of Argentina against British territory. [Members: "Hear, hear."] It has not a shred of justification and not a scrap of legality.

Check the Vocabulary

sovereign 주권의, 독립의 | **invade** 침략하다 | **rumour and counter-rumour** 소문에 소문이 이어지는 | **lawful** 합법적인 | **usurp** 강탈하다 | **condemn** 비난하다

의장님, 하원은 오늘 토요일 중대한 사태에 대응하기 위해 모였습니다. 우리가 여기에 모인 것은 오랫동안 영국의 통치하에 있던 영토가 처음으로 외국에 의해 침략을 받았기 때문입니다. 우리나라와 아르헨티나와의 관계가 며칠간 긴장이 고조되다가 아르헨티나 군이 어제 포클랜드 제도를 공격해 제도를 군사적으로 장악했습니다.

의장님, 어제는 소문에 소문이 이어졌습니다. 하루 종일 포클랜드 정부와 교신이 되지 않았습니다. 사실, 우리가 마지막으로 메시지를 받은 것은 4월 1일 목요일 밤 21시 55분이었습니다. 어제 오후 늦게서야 아르헨티나가 침공했으며 포클랜드 제도의 합법적인 영국 정부가 강탈당했다는 것이 분명해졌습니다.

의장님, 저는 하원 전체가 저와 함께 이 명분 없는 아르헨티나의 영국 영토 침략을 철저하게 비난할 것이라고 확신합니다. [의원들: 옳소! 옳소!] 거기에 한 줌의 정당성도, 눈곱만큼의 합법성도 없습니다.

Check the Vocabulary

unprovoked aggression 명분 없는 공격 | **shred** 조각, 단편 | **justification** 정당성 | **scrap** 조각 | **legality** 합법, 적법

 25-02

Mr. Speaker, it was not until 8.30 this morning, our time, when I was able personally to speak to the governor, who had arrived in Uruguay, that I learnt precisely what had happened. He told me that the Argentines had landed at approximately 6 a.m. Falkland's time, 10 a.m. our time. One party attacked the capital from the landward side and another from the seaward side. The governor then sent a signal to us which we did not receive.

Communications of course had ceased at 8:45 our time. It is common for atmospheric conditions to make communications with Port Stanley difficult. Indeed, (we had been) we had been out of contact for a period the previous night.

Check the Vocabulary

governor (영) (식민지, 속국의) 총독 | **approximately** 거의, ~가까이 | **landward** 육지 쪽에 있는 | **seaward** 바다 쪽의 | **cease** 중단하다 | **atmospheric condition** 대기 상태

의장님, 우리 시간으로 오늘 아침 8시 30분이 되어서야 저는 우루과이에 도착해 있던 총독과 대화할 수 있었고 정확히 어떤 일이 발생했는지 알게 되었습니다. 총독은 아르헨티나 군이 포클랜드 시간으로는 오전 6시경, 우리 시간으로는 오전 10시경에 상륙했다고 말했습니다. 아르헨티나 군의 한 부대는 육지에서, 다른 부대는 해상에서 수도를 공격했습니다. 이후 그가 우리에게 무전을 보냈지만 우리는 받지 못했습니다.

연락은 당연히 우리 시간으로 8시 45분에 끊겼습니다. 대기의 상황에 따라 포트 스탠리와의 연락이 힘든 것은 흔히 있는 일이지만 실제로 우리는 그 전날 밤 연락이 되지 않았습니다.

Check the Vocabulary

out of contact 연락이 끊어진

🎧 25-03

The governor reported that the Marines, (in his defence of government) in the defence of Government House, were superb. They acted, he said, in the best traditions of the Royal Marines. They inflicted casualties, but those defending Government House suffered none. He himself had kept the local people informed of what was happening through a small local transmitter he had in Government House. He is relieved that the islanders heeded his advice to stay indoors. Fortunately, as far as he is aware, there were no civilian casualties. When he left the Falklands, he said that the people were in tears. They do not want to be Argentine. He said that the islanders are still tremendously loyal. I must say that I have every confidence in the governor and the action that he took.

I must tell the House that the Falkland Islands and their dependencies remain British territory. No aggression and no invasion can alter that simple fact. It is the Government's objective to see that the islands are freed from occupation and are returned to British administration at the earliest possible moment.

Check the Vocabulary

(in his defence of government) 뒤에 in the defence of Government House가 나오는 걸로 보아 연설자가 말을 잘못한 것이다. 아무리 명연설가라도 연설 중 한두 번 버벅거리거나 실수할 때가 있는 것이다.

총독은 해병대가 총독관저를 훌륭하게 방어했다고 전했습니다. 그는 해병대가 영국 해병대의 가장 훌륭한 전통에 따라 행동했다고 말했습니다. 그들이 사상자를 내게 했지만 총독관저를 방어하던 해병대원들은 아무런 피해를 입지 않았습니다. 그는 관저 내에 그가 가지고 있던 작은 현지 송신기를 이용해 직접 현지 주민들에게 상황을 계속 알려 주었습니다. 그는 섬 주민들이 실내에 머무르라는 자신의 조언에 유의했기 때문에 안도했습니다. 다행히 그가 알고 있는 바로는 민간인 피해는 없었습니다. 총독에 따르면 그가 포클랜드를 떠날 때, 주민들이 눈물을 흘렸다고 합니다. 주민들은 아르헨티나 인이 되고 싶어 하지 않습니다. 총독은 섬 주민들의 충성심이 아직도 대단하다고 합니다. 저는 총독과 총독이 취한 행동을 전적으로 신뢰한다고 말하지 않을 수 없습니다.

저는 포클랜드 제도와 그 보호령은 여전히 영국 영토라는 것을 하원에 말하지 않을 수 없습니다. 그 어떤 공격과 침략도 이 단순한 사실을 바꿀 수 없습니다. 이 섬이 점령 상태에서 벗어나 조속히 영국 정부의 관할로 돌아오게 하는 것이 정부의 목표입니다.

Check the Vocabulary

Royal Marines 영국 해병대 | **inflict** 입히다, 가하다, 주다 | **casualty** 사상자 | **transmitter** 송신기 | **heed** 유의하다, 주의하다 | **in tears** 눈물을 흘리는 | **alter** 바꾸다 | **objective** 목표

The Lady's Not for Turning

이 사람은 돌아가지 않겠습니다

1980년 10월 10일, 브라이튼 보수당 전당대회

마거릿 대처는 윈스턴 처칠 이후 영국에서 가장 강한 영향력을 구가한 총리로, 신자유주의를 대표하는 정치인 중 하나이며, 로널드 레이건과 함께 80년대 자본주의 진영(자유진영)을 상징하는 정치 지도자였다.

그녀를 대표하는 철의 여인(Iron Lady)이라는 별명은 소련 언론에서 처음 사용한 수사인데 대처와 참모진들이 크게 만족해 본인도 사용하기 시작하였다.

대처는 2013년 4월 8일 향년 87세의 나이로 타계했다. 사망 원인은 뇌졸중.

20세기 최고의 명연설 중 하나로 꼽히는 이 연설에서 대처 총리는 연설 도중 The lady's not for turning.라는 표현을 사용하는데, 이 말은 그녀의 정치적 신념을 명확히 함으로써 연설의 제목이 되었다.

 26-01

I know Mr. Chairman, that there is another real worry affecting many of our people. Although they accept that our policies are right, they feel deeply that the burden of carrying them out is falling much more heavily on the private than on the public sector. They say that the public sector is enjoying the advantages but the private sector is taking the knocks and at the same time maintaining those in the public sector on better pay and pensions than they themselves enjoy.

I must tell you that I share this concern and understand the resentment. That is why I and my colleagues say that to add to public spending takes away the very money and resources that industry needs to stay in business let alone to expand. Higher public spending, far from curing unemployment, can be the very vehicle that loses jobs and causes bankruptcies in trade and commerce. That's why we warned local authorities that since rates are frequently the biggest tax that industry now faces, increases in them can cripple local businesses. Councils must, therefore, learn to cut costs in the same way that companies have to.

Check the Vocabulary

private sector 민간 부문 | **take the knock** 얻어맞다 | **public sector** 공공 부문 | **pension** 연금 | **resentment** 분노 | **let alone** ~은 말할 것도 없이 | **bankruptcy** 파산 | **cripple** 무능하게 하다

의장님, 우리 국민 대다수에게 영향을 미치는 또 다른 진정한 걱정거리가 있다는 것을 알았습니다. 국민들은 우리의 정책이 옳다고 인정하긴 하지만, 정책 수행에 따른 부담이 공공부문보다는 민간부문에 더 심하게 가해진다고 느끼고 있습니다. 국민들은 공공부문은 혜택을 누리지만 민간부문은 타격을 받고, 국민들이 누리는 것보다 더 나은 봉급과 연금 혜택을 공공부문만 지속적으로 누리게 된다고 말합니다.

저 또한 국민들의 이러한 걱정과 분노를 이해합니다. 그렇기 때문에 저와 제 동료들은 공공부문의 지출 증가가 산업의 확장은 고사하고 산업 유지에 필요한 자금과 자원까지 빼앗아 간다고 주장합니다. 공공부문의 지출 증가는 실업 문제를 치유하는 게 아니라 일자리를 잃게 하고 무역과 통상에서 파산의 요인이 될 수 있습니다. 그래서 우리는 산업계가 지금 부담하는 세율이 빈번하게 최고치를 기록하고 있는 상황에서 세금 인상은 지역 경제를 불구로 만들 수 있다고 지역 당국에 경고하는 바입니다. 그렇기 때문에 지방 의회는 기업들처럼 비용을 절감하는 법을 배워야 합니다.

Check the Vocabulary

Council 지방 의회

🎧 26-02

That's why I stress that if those who work in public authorities take for themselves large pay increases they leave less to be spent on equipment and new buildings. That in turn deprives the private sector of the orders it needs, especially some of those industries in the hard pressed regions. Those in the public sector have a duty to those in the private sector not to take out so much in pay that they cause others unemployment. That's why we point out that every time high wage settlements in nationalised monopolies lead to higher charges for telephones, electricity, coal and water, they can drive companies out of business and cost other people their jobs. If spending money like water was the answer to our country's problems, we would have no problems now. If ever a nation has spent, spent, spent and spent again, ours has. Today that dream is over. All that money has got us nowhere but it still has to come from somewhere. Those who urge us to relax the squeeze, to spend yet more money indiscriminately in the belief that it will help the unemployed and the small businessman are not being kind or compassionate or caring.

They are not the friends of the unemployed or the small business. They are asking us to do again the very thing that caused the problems in the first place.

Check the Vocabulary

deprive 빼앗다, 박탈하다 | **point out** 지적하다 | **wage** 임금, 봉급 | **monopoly** 독점 | **squeeze** 긴축 | **indiscriminately** 마구, 차별 없이 | **compassionate** 인정 많은

이것이 바로 공공 당국에서 일하는 사람들이 자신들을 위해 인상된 봉급을 가져간다면, 설비와 새로운 건물에 지출하는 돈은 줄어들게 된다는 점을 강조하는 이유입니다. 그렇게 되면 민간 기업들은 필요한 주문량을 잃게 됩니다. 특히 경제 상황이 안 좋은 지역의 일부 기업들 말입니다. 공공부문 종사자들에게는 민간부문 종사자들이 실직하지 않도록 그들의 봉급 인상폭을 크지 않게 해야 할 의무가 있습니다. 그렇기 때문에 국영 독점기업들의 봉급 인상으로 전화, 전기, 석탄과 수도 요금이 인상될 때마다 기업들이 문을 닫고, 다른 사람들이 실직하게 된다고 지적하는 겁니다. 돈을 물 쓰듯 쓰는 것이 우리나라가 안고 있는 문제들의 해결책이라면 지금 우리에게는 아무런 문제도 없었을 겁니다. 정부가 돈을 쓰고, 쓰고, 쓰고 또 쓸 수 있다면, 우리도 그랬을 겁니다. 이제 그 꿈은 끝났습니다. 그 모든 돈으로 아무런 효과를 보지 못했지만 돈은 어딘가에서 나와야 합니다. 긴축을 풀고, 돈을 마구 더 풀어야 실직자와 중소업자들을 돕게 될 것이라고 주장하는 사람들은 우리에게 친절하거나 배려를 보이거나 돌봐 주는 것이 아닙니다.

이들은 실직자나 중소기업의 친구들이 아닙니다. 이들은 애초에 이 문제들을 일으킨 요인들을 되풀이하라고 우리에게 요구하고 있는 것입니다.

Check the Vocabulary

in the first place 처음부터, 애초에

🎧 26-03

We have made this point repeatedly. Indeed, Mr. Chairman, I am accused of lecturing or preaching about them. I suppose it's a critic's way of saying "Well, we know it's true, but we got to carp at something." I don't care about that. But I do care about the future of free enterprise, the jobs and exports it provides and the independence it brings to our people. Independence? Yes, but let us be clear what we mean by that. Independence doesn't mean contracting out of all relationships with others. A nation can be free but it won't stay free for long if it has no friends and no alliances. Above all, it won't stay free if it can't pay its own way in the world. By the same token, an individual needs to be part of a community and to feel that he is part of it. There is more to this than the chance to earn a living for himself and his family, essential though that is.

Of course, our vision and our aims go far beyond the complex arguments of economics, but unless we get the economy right we shall deny our people the opportunity to share that vision and to see beyond the narrow horizons of economic necessity. Without a healthy economy we cannot have a healthy society. Without a healthy society the economy won't stay healthy for long.

Check the Vocabulary

accuse 비난하다, 고발하다 | **preach** 설교하다 | **carp at** 트집 잡다 | **contract out of all relationships with** ~와의 모든 관계를 끊다 | **above all** 무엇보다도

우리가 이 문제만 계속해서 얘기해 왔네요. 사실 의장님, 저는 이 문제들에 대해 강의하고 설교한다고 비난받고 있습니다. 비난자들은 이런 식으로 말합니다. "우리도 그게 사실이라는 것을 압니다만 우리도 뭔가 트집 잡을 게 있어야 하잖아요."라고 말입니다. 저는 그런 말에 신경 쓰지 않습니다. 제가 신경 쓰는 것은 자유 기업의 미래, 자유 기업이 제공할 일자리와 수출, 그것이 우리 국민들에게 가져다줄 독립입니다. 독립요? 그렇습니다만 그것이 의미하는 바를 분명히 해 두겠습니다. 제가 말하는 독립은 다른 사람들과의 모든 관계를 끊는 것을 의미하는 것이 아닙니다. 친구나 우방국이 없는 국가는 자유로울 수 있지만 오랫동안 자유롭지는 못할 것입니다. 무엇보다도 국가가 그만의 방식으로 세계에 지불하지 못한다면 그 국가는 자유롭지 못할 것입니다. 마찬가지로 개인은 공동체의 일원이어야 하며 자신은 공동체에 속해 있다고 느껴야 합니다. 공동체의 일원으로서의 삶에는 자기 자신과 자신의 가족을 위해 생계를 꾸려 가는 가장 중요한 삶의 기회 이상의 의미가 담겨 있습니다.

물론, 우리의 비전과 목표가 복잡한 경제 논리를 넘어 서 있습니다만 경제를 바로잡지 못한다면 우리 국민들과 이 비전을 나눌 기회가 없을 수 있고 경제적 필요라는 비좁은 수평선을 넘어 바라보지는 못하게 될 것입니다. 건강한 경제가 없으면 건강한 사회도 없습니다. 건강한 사회가 없으면 경제는 오랫동안 건강을 유지하지 못할 것입니다.

Check the Vocabulary

by the same token 마찬가지로 | **horizon** 수평선

 26-04

Mr. Chairman, but it isn't the State that creates a healthy society. When the State grows too powerful, people feel that they count for less and less. The State drains society, not only of its wealth but of initiative, of energy, the will to improve and innovate as well as to preserve what is best. Our aim is to let people feel that they count for more and more. If we can't trust the deepest instincts of our people we shouldn't be in politics at all. Mr. Chairman, some aspects of our present society really do offend those instincts. Decent people do want to do a proper job at work, not to be restrained or intimidated from giving value for money. They believe that honesty should be respected, not derided. They see crime and violence as a threat not just to society but to their own orderly way of life. They want to be allowed to bring up their children in these beliefs, without the fear that their efforts will be daily frustrated in the name of progress or free expression.

Check the Vocabulary

drain 소모시키다, ~을 빼앗다 | **initiative** 결단력, 자주성 | **innovate** 혁신하다 | **count** 중요하다 | **decent** 예의 바른, 괜찮은, 적절한 | **restrain** 억제하다 | **intimidate** 위협하다 | **deride** 조롱하다

의장님, 하지만 건강한 사회를 만드는 것은 국가가 아닙니다. 국가가 너무 강해지면 국민은 점점 더 약해짐을 느낍니다. 국가는 사회에서 사회의 부뿐만 아니라, 자주성, 에너지를 빼내어 가고, 최선의 가치를 보존하려는 의지는 물론이고 개선과 혁신 의지를 빼앗아 갑니다. 우리의 목표는 국민들이 더욱 더 중요하다고 느끼게 하는 것입니다. 우리 국민의 강력한 재능을 믿지 못한다면 우리는 정치계에 있어서는 안 됩니다. 의장님, 우리의 현 사회에는 이러한 재능에 해가 되는 몇 가지 측면이 나타나고 있습니다. 예의 바른 국민들은 돈에 가치를 부여하는 것으로부터 억제당하거나 위협받지 않는 적절한 일자리를 갖기를 원합니다. 이들은 정직은 조롱당하는 것이 아니라 존중받아야 한다고 믿고 있습니다. 예의 바른 국민들에게 범죄와 폭력은 사회뿐만 아니라 그들 자신의 질서정연한 삶에도 위협적입니다. 이들은 이러한 믿음을 갖고 자녀들을 키울 수 있기를 바랍니다. 자신들의 노력이 발전이나 자유로운 표현이라는 이름을 빌려 나날이 좌절될 것이라는 두려움 없이 말입니다.

Check the Vocabulary

bring up 기르다, 양육하다

🎧 26-05

Indeed, that's what family life is all about. There isn't a generation gap in a happy and united family. People yearn to be able to rely on some generally accepted standards. Without them you haven't got a society at all, you have purposeless anarchy. A healthy society isn't created by its institutions, either. Great schools and universities don't make a great nation any more than great armies do. Because only a great nation can create and involve great institutions — of learning, of healing, of scientific advance. And a great nation is the voluntary creation of its people — a people composed of men and women whose pride in themselves is founded on the knowledge of what they can give to a community of which they in turn can be proud.

If our people feel that they are part of a great nation and they are prepared to will the means to keep it great, then a great nation we shall be, and shall remain. So, Mr. Chairman, what can stop us from achieving this? What then stands in our way? The prospect of another winter of discontent? I suppose it might.

Check the Vocabulary

generation gap 세대차이 | **rely on** 의존하다 | **purposeless anarchy** 목적 없는 무정부 상태 | **healing** 치료 | **founded on** ~에 기초한 | **stand in a person's way** 앞을 가로막다

사실, 이것이 가정생활에서 가장 중요한 것입니다. 행복하고 단합된 가정에는 세대차가 없습니다. 사람들은 일반적으로 받아들여지는 기준에 의존하기를 바랍니다. 그러한 기준이 없다면, 전혀 의지할 사회가 없는 목적 없는 무정부 상태에 이르게 됩니다. 건강한 사회는 제도가 만드는 것이 아닙니다. 위대한 군대가 위대한 국가를 만드는 것이 아니듯, 위대한 학교와 대학들이 위대한 국가를 만드는 것이 아닙니다. 위대한 국가만이 – 학문, 치료, 과학 발전의 위대한 제도를 만들고 포함할 수 있기 때문입니다. 위대한 국가는 그 국가의 국민이 자발적으로 만드는 것입니다. 자랑스러운 국가를 위해 자신들이 할 수 있는 것을 알고 이를 바탕으로 자긍심을 갖고 있는 사람들로 구성된 국민이 만드는 것입니다.

우리 국민이 위대한 나라의 국민이라고 느끼고 이 나라를 계속해서 위대하게 할 준비가 되어 있다면, 이 나라는 위대한 나라일 것이고 위대한 나라로 남아 있을 것입니다. 그러니까 의장님, 무엇이 이것을 성취하지 못하게 우리를 막을 수 있겠습니까? 무엇이 우리의 길을 막겠습니까? 불만으로 가득한 또 한 차례의 혹독한 겨울을 예상해 볼까요? 그럴 수도 있습니다.

Check the Vocabulary

discontent 불만

 26-06

But I prefer to believe that certain lessons have been learnt from experience, that we are coming, slowly, painfully, to an autumn of understanding. And I hope that it will be followed by a winter of common sense. If it isn't, we shall not be diverted from our course.

To those waiting with bated breath for that favourite media catchphrase, the "U" turn, I have only one thing to say. You turn if you want to. The lady's not for turning.

Check the Vocabulary

learnt (영) learn의 과거, 과거분사 | **divert** ~의 진로를 바꾸다, 방향을 전환하다 | **with bated breath** 숨을 죽여 가며 | **catch phrase** 이목을 끄는 문구, 경구

하지만 저는 그런 경험에서 어떤 교훈을 얻었다고 믿고 싶습니다. 우리는 고통스러웠지만 서서히 깨달음의 가을에 들어서고 있다고 믿고 싶습니다. 그리고 저는 상식의 겨울이 따라오기를 바랍니다. 그렇게 되지 않는다 하더라도 우리는 우리의 진로에서 벗어나서는 안 됩니다.

요즘 언론에서 인기 있는 구호인 'U'턴을 숨죽여 기다리고 있는 분들에게 한 마디만 전하겠습니다. 원하신다면 돌아가십시오. 이 사람은 돌아가지 않겠습니다.

Margaret Thatcher's Remarks on Becoming Prime Minister

마거릿 대처의 총리 취임 연설

1979년 5월 4일, 다우닝가 10번지

지금까지 대통령이나 총리 취임사를 많이 번역해 봤지만 이렇게 짧은 취임사는 처음이었다. 취임 연설이라기보다는 인터뷰 형식의 취임 소감이라고 보는 게 더 적합하다. 영국에서는 하원 총선에서 과반수 의석을 획득한 당의 지도자는 관례에 따라 여왕으로부터 총리로 임명된 후 총리 관저가 있는 다우닝가 10번지로 향한다. 대처 총리는 관저에 들어가기 전 현관에서 선 채로 총리 수락 연설을 한다. 무슨 총리 취임사가 이렇게 간단하고 짧냐고 의아해할 수 있는데 가만히 분석해 보면 서론, 본론, 결론이 명확히 나타나는 매우 조리 있는 총리 취임사이며 여기에서 다시 한번 명확하고 핵심을 찌르는 대처 특유의 연설 스타일을 확인할 수 있다.

 27-01

Question: How do you feel at this moment?

Mrs. Thatcher:

Very excited, very aware of the responsibilities. Her Majesty The Queen has asked me to form a new administration and I have accepted. It is, of course, the greatest honour that can come to any citizen in a democracy. I know full well the responsibilities that await me as I enter the door of No. 10 and I'll strive unceasingly to try to fulfil the trust and confidence that the British people have placed in me and the things in which I believe. And I would just like to remember some words of St. Francis of Assisi which I think are really just particularly apt at the moment. "Where there is discord, may we bring harmony. Where there is error, may we bring truth. Where there is doubt, may we bring faith. And where there is despair, may we bring hope." and to all the British people — howsoever they voted — may I say this. Now that the Election is over, may we get together and strive to serve and strengthen the country of which we're so proud to be a part. [Interruption "Prime Minister…."] And finally, finally one last thing: in the words of Airey Neave whom we had hoped to bring here with us, "There is now work to be done."

Check the Vocabulary

No 10 영국 수상 관저 (런던 다우닝가(街) 10번지에 있는) | **unceasingly** 끊임없이 | **apt** 적절한 | **discord** 불화, 분열

질문: 현재 기분이 어떠십니까?

대처 총리:

매우 흥분되고, 책임을 잘 알고 있습니다. 여왕 폐하께서 새 내각을 구성하라고 요청하셨고, 저는 그 요청을 받아들였습니다. 물론 이것은 민주국가에서 시민이라면 누구에게나 주어질 수 있는 최고의 영광입니다. 저는 제가 수상관저에 들어갈 때 저를 기다리고 있는 책임들을 잘 알고 있으며 영국 국민이 저에게 보내 주신 신뢰와 믿음 그리고 제가 믿고 있는 가치들을 성취하기 위해 끊임없이 노력할 것입니다. 저는 아시시의 성 프란치스코의 말을 떠올리고 싶습니다. 그 말은 특히 지금 어울린다고 생각합니다. '분열이 있는 곳에 화합을, 오류가 있는 곳에 진실을, 의심이 있는 곳에 믿음을, 절망이 있는 곳에 희망을…' 그리고 모든 영국 국민에게 – 그분들이 어떻게 투표를 하셨든 – 이 말을 하고 싶습니다. 이제 선거가 끝났으니 우리 함께 노력하여 우리가 국민임을 아주 자랑스럽게 여기는 이 나라에 봉사해서 이 나라를 강하게 만들지 않겠습니까? [중단 "총리님…"] 그리고 마지막으로, 마지막으로 한 마디 더 하겠습니다: 우리가 여기에 모셔 왔으면 하는 에어리 니브의 말대로 "이제 해야 할 일이 있습니다."

Winston Churchill's Iron Curtain Speech

원스턴 처칠의 철의 장막 연설

1946년 3월 5일, 미주리 주 웨스트민스터 칼리지

영국의 총리(1940~45, 1951~55)를 두 번 지낸 윈스턴 처칠(Winston Churchill)은 정치가면서 문학가이고, 가장 위대한 전시 장군 중 한 명이다. 3수 끝에 샌드허스트 육군사관학교에 입학한 군인이지만 영국 총리 출신으로는 최초로 노벨 문학상을 수상할 정도로 문학에 뛰어난 소질을 보였다. 총리가 되기 전 이미 해군장관, 재무장관 등 요직을 거쳤던 처칠은 영국이 낳은 세기의 명연설가이기도 하다. 1946년 3월 5일, 미국 남부 미주리 주의 작은 도시 풀턴에 있는 웨스트민스터 대학교에서 명예 법학박사 학위를 수여받고 행한 연설에서 처칠은 유럽에 '철의 장막'이 드리워졌다고 주장했는데 이 표현 때문에 이 연설은 Iron Curtain Speech로 불린다. 소련은 동맹국들이 서방 국가들을 포함한 비공산권 지역들과 공공연히 접촉하는 것을 막기 위해 이 장벽을 세웠다. 처칠은 이 연설에서 공산국가들이 "발트 해의 슈체친으로부터 아드리아 해의 트리에스테까지 유럽 대륙을 가로질러 철의 장막을 형성했다"고 말했다. 이 '철의 장막' 연설은 처칠의 명연설 베스트 5 중 하나로 꼽힌다.

 28-01

From Stettin in the Baltic to Trieste in the Adriatic, an iron curtain has descended across the Continent. Behind that line lie all the capitals of the ancient states of Central and Eastern Europe. Warsaw, Berlin, Prague, Vienna, Budapest, Belgrade, Bucharest and Sofia, all these famous cities and the populations around them lie in what I must call the Soviet sphere, and all are subject in one form or another, not only to Soviet influence but to a very high and, in some cases, increasing measure of control from Moscow.

An attempt is being made by the Russians in Berlin to build up a quasi-Communist party in their zone of Occupied Germany by showing special favours to groups of left-wing German leaders. At the end of the fighting last June, the American and British Armies withdrew westwards, in accordance with an earlier agreement, to a depth at some points of 150 miles upon a front of nearly four hundred miles, in order to allow our Russian allies to occupy this vast expanse of territory which the Western Democracies had conquered.

Check the Vocabulary

descend 내려앉다 | **sphere** 영역, 범위 | **quasi-** 유사…, 준, 비슷한 | **left-wing** 좌파 | **in accordance with** ~에 따라 | **vast** 어마어마한, 거대한 | **expanse** 광활한 공간

발트 해의 슈체친에서 아드리아 해의 트리에스테까지 대륙을 가로지르며 철의 장막이 내려졌습니다. 이 장막 뒤에 중부와 동부 유럽의 모든 고대 국가들의 수도들이 위치해 있습니다. 바르샤바, 베를린, 프라하, 비엔나, 부다페스트, 베오그라드, 부쿠레슈티, 소피아 등 유명한 도시와 그곳의 시민들이 소련권에 들어가 있습니다. 이들 모두 다 어떤 형태로든 소련의 영향하에 있을 뿐만 아니라 일부의 경우에는 강도가 높고 통제력이 커지고 있는 모스크바의 통제하에 있습니다.

베를린에 있는 러시아인들은 좌파 독일 지도자들에게 특혜를 보여 주며 그들의 독일 점령 지역에 유사 공산당을 세우려 하고 있습니다. 지난 6월 전투가 끝날 무렵, 미국과 영국군은 앞서 체결한 협정에 따라 서구 민주국가들이 정복한 이 광대한 영토를 우리의 러시아 동맹국들이 점령하도록 하기 위해 근 400마일에 이르는 전선에서 150마일 정도 서쪽으로 철수했습니다.

Check the Vocabulary

territory 지역, 영토

 28-02

If now the Soviet Government tries, by separate action, to build up a pro-Communist Germany in their areas, this will cause new serious difficulties in the American and British zones, and will give the defeated Germans the power of putting themselves up to auction between the Soviets and the Western Democracies. Whatever conclusions may be drawn from these facts — and facts they are — this is certainly not the Liberated Europe we fought to build up. Nor is it one which contains the essentials of permanent peace.

On the other hand, ladies and gentlemen, I repulse the idea that a new war is inevitable; still more that it is imminent. It is because I am sure that our fortunes are still in our own hands and that we hold the power to save the future, that I feel the duty to speak out now that I have the occasion and the opportunity to do so. I do not believe that Soviet Russia desires war. What they desire is the fruits of war and the indefinite expansion of their power and doctrines. But what we have to consider here today while time remains, is the permanent prevention of war and the establishment of conditions of freedom and democracy as rapidly as possible in all countries. Our difficulties and dangers will not be removed by closing our eyes to them. They will not be removed by mere waiting to see what happens; nor will they be removed by a policy of appeasement. What is needed is a settlement, and the longer this is delayed, the more difficult it will be and the greater our dangers will become.

Check the Vocabulary

pro- ~을 찬성하는 | **auction** 경매 | **repulse** ~을 거절하다 | **inevitable** 피할 수 없는 | **imminent** 임박한 | **in our own hands** 우리의 손 안에 있는 | **doctrine** 주의, 교리, 견해

지금 소련 정부가 단독적으로 그들 지역에 친공산주의 독일을 세우려 한다면 이는 미국과 영국 지역에 새로운 심각한 어려움을 야기하게 될 것이며 패배한 독일은 소련과 서양 민주국가들 사이에서 자신들을 경매에 붙이는 힘을 갖게 될 것입니다. 이러한 사실로부터 어떤 결론이 도출되든, 이것은 분명 우리가 수립하기 위해 싸워 온 자유 유럽이 아닙니다. 그것은 또한 영원한 평화에 필수적인 것도 아닙니다.

신사숙녀 여러분, 그렇긴 하지만, 저는 새로운 전쟁이 불가피하고, 더 나아가 전쟁이 임박했다는 주장은 받아들이지 않습니다. 우리의 운명은 아직 우리 손안에 있고, 우리에게는 미래를 구할 힘이 있다고 확신하기 때문입니다. 저는 지금이 그렇게 해야 할 상황과 기회라고 털어놓고 말해야 한다는 의무감을 느낍니다. 소비에트 러시아도 전쟁을 바란다고 생각하지 않습니다. 그들이 바라는 것은 전쟁으로 얻어지는 결실이며 그들의 힘과 사상의 무한한 확장입니다. 하지만 시간이 남아 있는 동안 오늘 우리가 여기서 고려해야 할 것은 영구적으로 전쟁을 예방하는 것과 모든 나라에 자유와 민주주의를 가능한 한 빨리 정착시키는 것입니다. 우리의 곤경과 위험은 묵인한다고 해서 제거되지는 않을 것입니다. 사태를 관망만 한다고 해서 없어지지는 않을 것입니다. 유화정책으로 없어지지는 않을 것입니다. 우리에게 필요한 것은 해결입니다. 해결이 지연될수록 더욱 어려운 지경에 처해지고, 우리의 위험은 더 커질 것입니다.

Check the Vocabulary

appeasement 달램, 진정, 완화

 28-03

There never was a war in all history easier to prevent by timely action than the one which has just desolated such great areas of the globe. It could have been prevented in my belief without the firing of a single shot, and Germany might be powerful, prosperous and honoured today; but no one would listen and one by one we were all sucked into the awful whirlpool. We surely, ladies and gentlmen, surely we must not let that happen again. This can only be achieved by reaching now, in 1946, this year in 1946 by reaching a good understanding on all points with Russia under the general authority of the United Nations Organisation and by the maintenance of that good understanding through many peaceful years, by the world instrument, supported by the whole strength of the English-speaking world and all its connections.

Check the Vocabulary

timely action 시기적절한 조치 | **desolate** 황폐케 하다 | **suck** ~으로 끌어들이다 | **whirlpool** 소용돌이

얼마 전 세계의 아주 많은 지역을 황폐화시킨 전쟁만큼 역사상 시기적절한 조치로 쉽게 전쟁을 예방할 수 있었던 전쟁은 없었습니다. 저는 그 전쟁은 총 한 발 쏘지 않고도 막을 수 있었을 것이라 믿습니다. 그리고 독일은 지금쯤 강력하고, 번성하고, 영광스러운 위치에 있었을 것입니다. 하지만 아무도 제 말에 귀를 기울이지 않았고 우리는 하나하나씩 끔찍한 소용돌이 속에 휘말렸습니다. 우리는 이런 일이 또다시 일어나게 해서는 안 됩니다. 이것은 1946년인 지금 UN의 보편적 권한하에 모든 면에서 러시아와 상호 이해에 이르고 영어권 국가와 관련 국가들의 전폭적 지지를 받는 세계 기구를 통해 러시아와의 우호 관계를 수년간 평화롭게 유지해 나감으로써만 해낼 수 있습니다.

Winston Churchill's Blood, Toil, Tears and Sweat Speech

윈스턴 처칠의 피, 수고, 눈물, 땀 연설

1940년 5월 13일, 영국 하원

〈제 2차 세계대전〉으로 노벨 문학상을 수상했던 처칠이 히틀러의 나치 독일군이 네덜란드, 벨기에, 룩셈부르크를 거쳐 프랑스를 향해 진격하고 있을 때인 1940년 5월 13일 의회에서 한 연설이다. 이 연설에서 처칠은 "나는 피, 수고, 눈물, 그리고 땀밖에는 달리 드릴 게 없습니다."라는 그 유명한 말을 남긴다. 완벽하게 고쳐지게 될 때까지 다듬는 처칠의 주옥같은 명문장들을 통해 영어의 진수를 맛보자.

 29-01

On Friday evening last I received His Majesty's commission to form a new Administration. It was the evident wish and will of Parliament and the nation that this should be conceived on the broadest possible basis and that it should include all parties, both those who supported the late Government and also the parties of the Opposition. I have completed the most important part of this task. A War Cabinet has been formed of five Members, representing, with the Liberals, Opposition, the unity of the nation. The three party Leaders have agreed to serve, either in the War Cabinet or in high executive office. The three Fighting Services have been filled. It was necessary that this should be done in one single day, on account of the extreme urgency and rigour of events. A number of other key positions were filled yesterday, and I am submitting a further list to His Majesty tonight. I hope to complete the appointment of the principal Ministers during tomorrow. The appointment of the other Ministers usually takes a little longer, but I trust that, when Parliament meets again, this part of my task will be completed, and that the administration will be complete in all respects.

Check the Vocabulary

His Majesty 폐하 | **conceive** 고안하다, 상상하다 | **war cabinet** 전시 내각 | **on account of** ~의 이유로, ~ 때문에 | **urgency** 긴급, 급박 | **rigour** 엄격, 엄함 | **submit** 제출하다

지난 금요일 저녁 저는 국왕폐하로부터 새로운 정부를 구성하라는 임무를 부여받았습니다. 새 정부는 최대한 광범위한 기반에서 모든 정당을 포함하여 고안되어야 한다는 것이 의회와 국민의 분명한 뜻이었습니다. 지난 정부와 야당들을 지지했던 분들까지 포함해서 말입니다. 저는 이 임무의 가장 중요한 부분을 끝냈습니다. 다섯 명으로 구성된 전시 내각은 자유당과 야당이 참여함으로써 우리 국민의 단결을 보여 주고 있습니다. 3당 지도자들은 전시 내각이나 고위직에서 봉사하기로 동의하였고 삼군은 채워졌습니다. 사태가 긴박하고 엄중하여 조각을 하루 만에 끝내야 했습니다. 기타 요직은 어제 인선을 끝냈습니다. 오늘 밤 저는 추가 명단을 국왕께 제출할 것입니다. 내일 중에 주요 장관들에 대한 임명을 마무리하고 싶습니다. 다른 각료들의 임명은 통상적으로 시간이 좀 더 걸립니다만 의회가 다시 개회될 때까지는 저의 이 일이 끝나, 새 정부 구성이 모든 면에서 완료되리라고 믿습니다.

Check the Vocabulary

in all respects 모든 면에서

 29-02

I considered it in the public interest to suggest that the House should be summoned to meet today. Mr. Speaker agreed, and took the necessary steps, in accordance with the powers conferred upon him by the Resolution of the House. At the end of the proceedings today, the Adjournment of the House will be proposed until Tuesday, 21st May, with, of course, provision for earlier meeting, if need be. The business to be considered during that week will be notified to Members at the earliest opportunity. I now invite the House, by the resolution which stands in my name, to record its approval of the steps taken and to declare its confidence in the new Government.

To form an Administration of this scale and complexity is a serious undertaking in itself, but it must be remembered that we are in the preliminary stage of one of the greatest battles in history, that we are in action at many points in Norway and in Holland, that we have to be prepared in the Mediterranean, that the air battle is continuous and that many preparations, have to be made here at home. In this crisis I hope I may be pardoned if I do not address the House at any length today. I hope that any of my friends and colleagues, or former colleagues, who are affected by the political reconstruction, will make all allowance, for any lack of ceremony with which it has been necessary to act. I would say to the House, as I said to those who have joined the government: I have nothing to offer but blood, toil, tears and sweat.

Check the Vocabulary

summon 소집하다, 소환하다 | **resolution** 결의, 결의안 | **proceeding** 절차, 진행방식 | **adjournment** 휴회 | **provision** 조항, 규정 | **complexity** 복잡함 | **pardon** 용서하다

저는 의장님께 의회가 오늘 소집되어야 한다고 건의하는 것이 국민에게 이익이 된다고 판단했습니다. 저의 제안에 동의하신 의장님은 하원 결의안에 의해 부여받은 권한에 따라 필요한 조치들을 취하셨습니다. 오늘 일정의 마지막에 5월 21일 화요일까지의 휴회가 제안될 것입니다. 물론 필요하다면 더 일찍 개회한다는 조건하에서입니다. 그 주에 고려될 의사일정은 되도록이면 빨리 의원 여러분께 알려 드리겠습니다. 저는 지금 의회가 제 이름이 들어간 결의안에 의해 지금까지 취한 조치들을 승인해 줌으로써 새 정부에 대한 신임을 천명해 줄 것을 정중히 부탁드립니다.

이 정도 규모의 복잡한 정부를 구성한다는 것 자체가 중대한 업무입니다. 그러나 우리는 역사상 최대 결전에서 1단계에 와 있음을 기억해야 합니다. 우리는 노르웨이와 네덜란드의 여러 지역에서 교전 중에 있고 지중해에서도 대비해야 합니다. 공중전이 계속되고 있으므로 여기 국내에서도 많은 준비를 해야 합니다. 이런 위기 상황에 처하여 오늘 의회에서 길게 말씀드리지 못하게 된 점을 용서해 주시기 바랍니다. 이번 정치적인 구조 개편으로 영향을 받은 전, 현직 동료들에게 부득이 절차를 무시하는 행동을 했더라도 너그럽게 이해해 주시기를 부탁드립니다. 저는 이 정부에 참여한 장관들에게 말했듯이 의원 여러분들에게 말씀드립니다: 나는 피, 수고, 눈물, 그리고 땀밖에는 달리 드릴 것이 없습니다.

Check the Vocabulary

make allowance 관대히 보아 주다 | **lack** 부족, 결여 | **ceremony** 격식, 의례 | **toil** 수고, 노고 | **sweat** 땀

🎧 29-03

We have before us an ordeal of the most grievous kind. We have before us many, many long months of struggle and of suffering. You ask, what is our policy? I will say: It is to wage war, by sea, land and air, with all our might and with all the strength that God can give us; to wage war against a monstrous tyranny, never surpassed in the dark, lamentable catalogue of human crime. That is our policy. You ask, what is our aim? I can answer in one word: Victory, victory at all costs, victory in spite of all terror, victory, however long and hard the road may be; for without victory, there is no survival. Let that be realised; no survival for the British Empire, no survival for all that the British Empire has stood for, no survival for the urge and impulse of the ages, that mankind will move forward towards its goal. But I take up my task with buoyancy and hope. I feel sure that our cause will not be suffered to fail among men. At this time I feel entitled to claim the aid of all, and I say, "come then, let us go forward together with our united strength."

Check the Vocabulary

ordeal 시련 | **grievous** 통탄할, 슬픈, 중대한 | **wage war** 전쟁을 수행하다 | **monstrous** 괴물같은, 극악무도한 | **surpass** 능가하다, 보다 낫다 | **lamentable** 한탄스러운, 개탄스러운 | **urge** 촉구

우리 앞에는 가장 침통한 시련이 놓여 있습니다. 우리는 오랜 기간 투쟁과 고통의 시간을 갖게 될 것입니다. 여러분들은 우리의 정책이 무엇이냐고 물어볼 것입니다. 저는 바다에서, 육지에서, 하늘에서 전쟁을 수행하는 것이라고 답하겠습니다. 하느님께서 주신 우리의 모든 힘과 능력을 발휘하여, 어둡고 통탄할 인간의 범죄목록에서 찾아보기 힘든 극악무도한 폭정을 상대로 전쟁을 수행하는 것, 그것이 바로 우리의 정책입니다. 여러분들은 우리의 목표가 무엇이냐고 물어볼 것입니다. 한 단어로 답할 수 있습니다. 승리입니다. 어떤 대가를 치르더라도, 어떤 공포에도 불구하고 승리하는 것입니다. 승리 없이는 생존도 없기 때문에 그 길이 아무리 멀고, 험하다 하더라도 오로지 승리라는 목표밖에 없습니다. 그것을 실현시킵시다. 대영제국의 생존도, 대영제국이 싸워 온 그 모든 것의 생존도, 인류가 목표를 향하여 전진하도록 만드는 시대의 촉구와 추진력의 생존도 없습니다. 하지만 저는 들뜬 기분으로 희망을 안고 이 과업을 떠맡는 바입니다. 저는 우리의 대의가 패배라는 고통을 겪지 않으리라고 확신합니다. 저는 지금 이 중대한 시점에서 모든 국민들의 도움을 요구할 자격이 있다고 느끼면서 이 말을 하고 싶습니다: "자, 그럼 우리 모두 힘을 합쳐 나아갑시다."

Check the Vocabulary

impulse 추진력 | **buoyancy** 부력, 부양성, 쾌활함

Edward VIII's Abdication Speech

에드워드 8세의 퇴위 연설

1936년 12월 11일, 윈저 궁전 내 라디오 방송

정식 이름이 Edward Albert Christian George Andrew Patrick David인 에드워드 8세는 사랑을 찾아 미국인 월리스 워필드 심프슨(Wallis Warfield Simpson)과 결혼하기 위해 퇴위한, 영국 왕 가운데 스스로 왕위에서 물러난 유일한 인물이다. 에드워드 8세는 1930년부터 심프슨 부인(→ 윈저 공작부인)과 친교를 맺기 시작했다. 심프슨 부인은 1927년 미국 해군 대위와 이혼하고 1928년 어니스트 심프슨과 재혼한 상태였다. 심프슨 부부는 개인 사교모임의 일원으로 에드워드와 자주 만났고, 1934년에 에드워드는 심프슨 부인과 깊은 사랑에 빠졌다. 아버지와 이 문제를 의논해 보기도 전인 1936년 1월 20일 선왕인 조지 5세가 죽고, 에드워드는 왕위에 오르게 된다. 1936년 12월 10일 퇴위 의사를 밝혔다("나 에드워드는 나 자신과 내 후손의 왕위를 포기한다는 취소할 수 없는 결정을 내렸음을 선언합니다"). 의회는 12월 11일 퇴위 선언문서를 확인했고 그날 저녁 에드워드는 라디오 방송에서 다음과 같이 발표했다. "나는 사랑하는 여인의 도움과 지지 없이는 왕으로서의 의무를 다할 수 없고 그 무거운 책임을 짊어질 수도 없음을 알았습니다."

At long last I am able to say a few words of my own. I have never wanted to withhold anything, but until now it has not been constitutionally possible for me to speak.

A few hours ago I discharged my last duty as King and Emperor, and now that I have been succeeded by my brother, the Duke of York, my first words must be to declare my allegiance to him. This I do with all my heart.

You all know the reasons which have impelled me to renounce the throne. But I want you to understand that in making up my mind I did not forget the country or the empire, which, as Prince of Wales and lately as King, I have for twenty-five years tried to serve.

But you must believe me when I tell you that I have found it impossible to carry the heavy burden of responsibility and to discharge my duties as King as I would wish to do without the help and support of the woman I love.

Check the Vocabulary

withhold 숨기다 | **discharge** 수행하다, 이행하다 | **emperor** 황제 | **succeed** 계승하다 | **duke** 공작 | **declare** 선언하다 | **allegiance** 충성 | **impel** 압박하여 ~하게 하다 | **renounce** 포기하다

마침내 저는 제가 직접 몇 마디 말씀드릴 수 있게 되었습니다. 저는 결코 어느 것도 숨기고 싶지 않았지만 지금까지는 헌법에 따라 제가 말씀드리기가 불가능했습니다.

몇 시간 전 저는 국왕과 황제로서 저의 마지막 의무를 수행했습니다. 제 동생 요크 공작이 왕위를 계승한 지금 저는 먼저 새 국왕에게 충성할 것을 분명히 말씀드립니다. 저는 진심으로 충성할 것을 선언합니다.

여러분은 모두 다 제가 왕위를 내놓아야 했던 이유를 아실 겁니다. 그러나 이러한 결정을 내리면서 저는 웨일즈의 왕자로서, 방금 전까지는 국왕으로서 지난 25년 동안 봉사해 왔던 이 나라, 대영제국을 잊지 않았다는 사실을 알아 주시기 바랍니다.

하지만 여러분은 저의 이 말을 믿어 주셔야 합니다. 저는 제가 사랑하는 여인의 도움과 지지 없이는 막중한 책임의 부담을 지는 것과 제가 소망하는 대로 국왕으로서의 의무를 다하는 것이 불가능하다고 생각했다는 사실을 말입니다.

Check the Vocabulary

throne 왕위

 30-02

And I want you to know that the decision I have made has been mine and mine alone. This was a thing I had to judge entirely for myself. The other person most nearly concerned has tried up to the last to persuade me to take a different course.

I have made this, the most serious decision of my life, only upon the single thought of what would, in the end, be best for all.

This decision has been made less difficult to me by the sure knowledge that my brother, with his long training in the public affairs of this country and with his fine qualities, will be able to take my place forthwith without interruption or injury to the life and progress of the empire. And he has one matchless blessing, enjoyed by so many of you, and not bestowed on me — a happy home with his wife and children.

During these hard days I have been comforted by her majesty my mother and by my family. The ministers of the crown, and in particular, Mr. Baldwin, the Prime Minister, have always treated me with full consideration. There has never been any constitutional difference between me and them, and between me and Parliament. Bred in the constitutional tradition by my father, I should never have allowed any such issue to arise.

Check the Vocabulary

matchless 상대가 없는, 무적의 | **bestow** 주다, 부여하다

제가 내린 이 결정은 저의 단독 결정이었다는 것도 알아주시기 바랍니다. 이것은 전적으로 저 혼자 결정해야 하는 일이었습니다. 저의 결심과 가장 관련이 있는 사람은 마지막 순간까지 제가 다른 선택을 하도록 설득하려고 노력했습니다.

저는 제 인생에서 가장 중대한 이 결정을 내리면서 결국 무엇이 모두에게 최선일까만을 생각했습니다.

이 결정은 저에게 어려운 일이 아니었습니다. 오랫동안 이 나라의 공무를 익혀 왔고, 훌륭한 자질을 갖춘 제 동생은 대영제국의 생명과 발전에 방해가 되거나 해를 끼치지 않으면서 제 자리를 맡을 수 있을 것이라고 확신했기 때문입니다. 그리고 제 동생은 여러분 대다수가 누리고 있고 저에게는 부여되지 않은 보기 드문 축복을 받았습니다. 아내와 자녀가 있는 행복한 가정을 갖고 있습니다.

이 힘든 시기에 저의 어머니이신 왕대비 폐하와 저의 가족들은 저에게 위안이 되었습니다. 행정부 각료들, 특히 볼드윈 총리께서는 언제나 저를 깊이 배려해 주셨습니다. 저와 그들 간에 그리고 저와 의회 간에 아무런 법적 이견은 없었습니다. 헌법적 전통에 따라 아버님의 가르침을 받고 자란 저는 이런 문제가 일어나게 하지 말아야 했습니다.

 30-03

Ever since I was Prince of Wales, and later on when I occupied the throne, I have been treated with the greatest kindness by all classes of the people wherever I have lived or journeyed throughout the empire. For that I am very grateful.

I now quit altogether public affairs and I lay down my burden. It may be some time before I return to my native land, but I shall always follow the fortunes of the British race and empire with profound interest, and if at any time in the future I can be found of service to his majesty in a private station, I shall not fail.

And now, we all have a new King. I wish him and you, his people, happiness and prosperity with all my heart. God bless you all! God save the King!

Check the Vocabulary

public affairs 공무 | **private station** 민간인 신분 | **God save the King!** 국왕 폐하 만세!

왕세자 시절부터 그리고 나중에 왕위에 오른 이후에도 제가 어디에 살든, 대영제국의 어디를 가든 각계각층의 모든 사람들은 저에게 최고의 환대를 베푸셨습니다. 이에 대해 저는 깊이 감사드립니다.

저는 이제 모든 공직에서 물러나 제 짐을 내려놓습니다. 고국에 다시 돌아오기까지는 좀 시간이 걸릴 것 같습니다. 그러나 저는 늘 깊은 관심을 갖고 영국 국민과 대영제국의 앞날을 지켜볼 것입니다. 그리고 미래에 언젠가 민간인 신분으로 폐하께 봉사할 수 있게 된다면 저는 반드시 제 의무를 다할 것입니다.

이제 우리는 새 국왕을 모시게 되었습니다. 새 국왕 폐하와 국민 여러분에게 행복과 번영이 깃들기를 진심으로 바랍니다. 여러분 모두에게 신의 축복이 있기를 기원합니다. 국왕 폐하 만세!

영국식 영어발음과 표현 바로 알기

영국식 발음은 이 부록의 맨 뒤에 나오는 미국 본토 발음규칙과 비교해 보면 알겠지만 변화무쌍한 미국식 발음에 비해 발음규칙이 많지 않다. 이 점을 숙지하고 공부하는 것이 좋다.

영국식 발음의 6대 특징(미국식 발음과 비교해서)

특징 1 t, d 발음이 명확하다

모음과 모음 사이에 위치하는 t, d, nt, rt, rd에서 [t]나 [d] 발음을 분명히 내 준다. 다음 예를 보면 명확하게 이해된다.

※ 별색은 영국식 발음입니다.

- **water** 워터 ↔ 워러
- **letter** 래터 ↔ 래러
- **item** 아이틈 ↔ 아이름
- **capital** 캐피틀 ↔ 캐피를
- **automatic** 오토매틱 ↔ 어러매릭
- **ladder** 래더 ↔ 래러
- **medal** 매들 ↔ 매를
- **center** 쎈터 ↔ 쎄너
- **twenty** 투엔티 ↔ 투애니
- **party** 파:티 ↔ 파(어)리
- **article** 아:티클 ↔ 아(어)리클
- **order** 오:더 ↔ 오(어)러

▶ 원어민들은 e에 강세가 들어가면 [애]에 가깝게 발음한다.

특징 2 a가 강세일 경우, [아]로 발음한다

미국식 발음에서 모음 a에 강세가 들어가 [애]로 발음할 때, 영국식 발음에서는 [아]로 발음한다. 다음 예를 보면 명확하게 이해된다.

- **example** 이그잠플 ↔ 이그잼플
- **ask** 아스크 ↔ 애스크
- **fast** ㅍ+화스(트) ↔ ㅍ+홰스(트)
- **forecast** ㅍ+호카스(트) ↔ ㅍ+호캐스(트)
- **dance** 단스 ↔ 댄스
- **castle** 카쓸 ↔ 캐쓸
- **bath** 바ㅆ+뜨 ↔ 배ㅆ+뜨
- **demand** 디만드 ↔ 디맨드
- **basket** 바스킷 ↔ 배스킷
- **commander** 커만더 ↔ 커맨더 (사령관)

특징 3 o가 강세일 경우, [오]나 [어]로 발음한다

미국식 발음에서 모음 o에 강세가 들어가 [아]로 발음될 때, 영국식 발음에서는 [오] 아니면 [어]로 발음한다. 다음 예를 보면 명확하게 이해된다.

- boxer 복서 ↔ 박서
- Hollywood 헐리우(드) ↔ 할리우(드)
- doctor 독터 ↔ 닥터
- monitor 모니터 ↔ 마니터
- holiday 홀리데이 ↔ 할러데이
- college 컬리쥐 ↔ 칼리쥐
- obvious 오비어스 ↔ 아비어스 (분명한)
- knowledge 널리쥐 ↔ 날리쥐
- model 모들 ↔ 마들/마를
- politics 폴리틱스 ↔ 팔러틱스

특징 4 i가 [아이]로 발음되기도 한다

특정 단어들에서 미국식 발음으로는 [이], 영국식 발음으로는 [아이]로 발음된다. 다음 예를 보면 명확하게 이해된다.

- diverse 다이붜스 ↔ 디붜스
- either 아이더 ↔ 이더
- dimension 다이맨션 ↔ 디맨션 (차원)
- neither 나이더 ↔ 니더
- director 다이렉터 ↔ 디렉터

특징 5 r의 앞 모음이 길게 발음되기도 한다

영국식 발음에서는 특정 단어들의 [r] 발음을 하지 않는 대신 [r] 앞 모음을 길게 발음해 준다. 다음 예를 보면 명확하게 이해된다.

- park 파─(크) ↔ 파r(크)
- car 카─ ↔ 카r
- party 파─티 ↔ 파r리
- bar 바─ ↔ 바r
- march 마─취 ↔ 마r취

특징 6 우리식 영어 발음과 비슷한 경우가 많다

콩글리시 발음과 똑같거나 비슷할 때가 많다. 다음 예를 보면 명확하게 이해된다.

- bottle 보틀 ↔ 보틀
- automatic 오터매틱 ↔ 오토매틱
- autumn 오텀 ↔ 오텀
- computer 컴퓨터 ↔ 컴퓨터
- bodyguard 보디가─드 ↔ 보디가드

★ 그 밖에 주의해야 할 발음들

- garage 개라쥐 ↔ 거라쥐
- schedule 쉬에듈 ↔ 스케쥴
- route 루(트) ↔ 롸우(트)
- vase 봐:즈 ↔ 붸이스
- missile 미싸일 ↔ 미쓸
- hostile 허스타일 ↔ 하스틀 (적대적인)

▶ garage의 경우 영국에서는 '주유소'(강세가 앞에 있음), 미국에서는 '차고'(강세가 뒤에 있음)로 쓰인다.

영국 영어와 미국 영어의 차이

차이 1 철자

- 광고하다 advertise - advertize
- 갑옷 armour - armor
- 도끼 axe - ax
- 행동 behaviour - behavior
- 취소했다 cancelled - canceled
- 목록 catalogue - catalog
- 중심 centre - center
- 수표 cheque - check
- 색깔 colour - color
- 대화 dialogue - dialog
- 방어 defence - defense
- 불명예 dishonour - dishonor
- 호의 favour - favor
- 항구 harbour - harbor

- 보석 jewellery - jewelry
- 배웠다 learnt - learned
- 엄마 mum - mom
- 깨닫다 realise - realize
- 신호를 보냈다 signalled - signaled
- 전문, 특기 speciality - specialty
- 극장 theatre - theater
- 여행했다 travelled - traveled
- 타이어 tyre - tire
- 프로그램 programme - program
- 파자마 pyjamas - pajamas
- ~하는 동안 whilst - while
- ~의 둘레에 round - around

차이 2 표현

- 아파트 flat - apartment
- 과자 biscuit - cookie
- 서점 bookshop - bookstore
- 보닛 bonnet - hood
- 번호판 number plate - license plate
- 사이드 미러 wing mirror - side mirror
- 미등 rear light - tail light
- 트렁크 boot - trunk
- 변속 기어 gear stick - gear shift
- 인도 pavement - sidewalk
- 고가 도로 flyover - overpass
- 추월 차선 outside lane - fast lane
- 공립학교 state school - pubilc school
- 트럭 car park - parking lot
- 집배원 postman - mailman
- 전채 요리 starter - appetizer
- 갓길 hard shoulder - shoulder
- 중앙차선 center lane - middle lane
- 엘리베이터 lift - elevator

- 마침표 full stop - period
- 1층 ground floor - first floor
- 수도꼭지 tap - faucet
- 행주 tea towel - dish cloth [towel]
- 병따개 tin opener - can opener
- 게시판 notice board - bulletin board
- 휴대폰 mobile phone - cell phone
- 계산서 bill - check
- 바둑판 무늬 check - plaid
- 바지 trousers - pants
- 터틀넥 스웨터 polo neck - turtleneck
- 휴가 holiday - vacation
- 디저트 afters - dessert
- 중심가 city centre - downtown
- 학기 term - semester
- 화장실 toilet - bathroom
- 약사 chemist - pharmacist
- 주차장 car park - parking lot
- 언쟁 row - argument

- 주유소 petrol station - gas station
- 감자튀김 chips - french fries
- 운동화 trainers - sneakers
- 가을 autumn - fall
- 비행기 aeroplane - airplane
- 축구 football - soccer
- 핸드백 handbag - purse
- 쓰레기 rubbish - trash / garbage
- 거실 sitting room - living room
- 지우개 rubber - eraser
- 커튼 curtains - drapes
- 2주일 fortnight - two weeks
- 안테나 aerial - antenna
- 반창고 plaster - band-aid
- 바지 멜빵 braces - suspenders
- 소방차 fire engine - fire truck
- 스웨터 jumper - sweater
- 기저귀 nappy - diaper
- 휘발유 petrol - gasoline
- 안내 데스크 reception - front desk
- 빨래방 launderette - laundromat
- 약국 chemist shop - drug store
- 광고 advert - ad / advertizement
- 녀석, 친구 chap - guy
- 수동 브레이크 hand brake - emergency brake
- 쓰레기통 dustbin - trash [garbage] can
- 집으로 통하는 사유 차도 drive - driveway
- 초등학교 primary school - elementary school
- 바람막이 유리 wind-screen - windshield
- 지하철 undergroud (train) / tube - subway
- 재무장관 chancellor of the exchequer - treasury secretary
- 부동산 중개인 estate agent - real estate agent / realtor

- 고속도로 motorway - highway / freeway

- 산타클로스 father Christmas - Santa Claus

- 편도 차표 single ticket - one-way ticket

- 원룸 아파트 bedsit - studio apartment

- 왕복표 return ticket - round-trip ticket

Tip 영국 특유의 표현들

- **bugger off!** 꺼져, 나가버려!, 끊어!
- **bloody** 몹시, 지독한, 엄청난
- **roundabout** 로터리
- **sort** 잘 정리하다, 해결하다
- **fetch** ~을 데리고 오다, 불러오다
- **MP(a member of parliament)** 하원의원
- **chum** 대학 기숙사 등의 방 친구
- **brick** 좋은 사람, 호인
- **knackered** 기진맥진한, 지친
- **scrummy** 아주 맛있는
- **peckish** 약간 배가 고픈
- **bloke** 녀석, 놈, 자식
- **Not to worry!** 걱정할 것 없다, 신경 쓰지 마라
- **cockney** 런던 토박이
- **sod off!** 꺼져!
- **blimey** 아이구, 이런, 제기랄, 맙소사
- **play truant** 학교를 땡땡이치다, 수업을 빼먹다

영국식 발음과 영국식 영어 공부 관련 팁

1. 앞에 간결하게 정리해 놓은 영국식 발음의 특징을 익힌다.

2. 미국식 발음에 적응이 된 독자들에게는 몇 가지 안 되는 영국식 발음현상 이해가 쉬우므로 필자가 뒤에 자세히 정리해 놓은 미국 본토 발음 규칙 52개를 숙지한다.

3. 발음현상을 충분히 익혔다고 생각하는 사람은 우선 이 책의 CD로 대표적인 영국식 발음을 훈련한다. CD를 수십 번 이상 들어 보았다면 영국식 발음에 대해 완전히 적응하기 위해 틈틈이 영국의 국영방송국인 BBC 방송을 들어 본다(인터넷을 잘 활용).

4. 영국식 표현을 익히고, 영국식 회화에 능통해지고 싶은 사람은 케이블 TV 채널을 통해 영국 영화, 영국 TV 드라마나, 프로그램들을 시청할 것을 권한다(케이블 TV 채널을 돌리다 보면 미국식 발음을 구사하는 영화, 영국식 발음을 구사하는 영화 둘 다 쉽게 접할 수 있다).

영국 영어회화 익히는 데 도움이 될 만한 영화로 다음과 같은 것들을 추천한다.

- Sense and Sensibility 센스 앤 센서빌리티
- Pride and Prejudice 오만과 편견
- Notting Hill 노팅 힐
- Bridget and Jones' Diary 브리짓 존스의 일기
- Love Actually 러브 액츄얼리
- Four Weddings and a Funeral 네 번의 결혼식과 한 번의 장례식
- Shakespeare in Love 셰익스피어 인 러브
- The English Patient 잉글리쉬 페이션트
- If Only 이프 온리
- The Iron Lady 철의 여인
- Closer 클로저
- Never let me go 네버 렛 미 고
- Lord of Rings 반지의 제왕
- King Arthur 킹 아더
- My name is Joe 내 이름은 조

IELTS 및 영국 명연설문에 자주 나오는 숙어

- **abide by** 따르다, 이행하다
- **account for** ~을 설명하다, 차지하다
- **against the clock** 시간을 다투어
- **allow for** ~를 참작하다, 고려하다
- **an arm and a leg** 엄청난 금액, 터무니없는 비용
- **as is often the case** 흔히 있는 일이지만
- **at a loss** 어쩔 줄을 몰라서, 당황하여
- **at issue** 문제가 되는, 논쟁 중인
- **at present** 현재는
- **at stake** 위기에 처해 있는, 위험한
- **at / on the tip of one's tongue** 생각날 듯 말 듯하다
- **bear on [upon]** 영향을 미치다, 관계가 있다
- **beggars can't be choosers** 찬밥 더운밥 가릴 때가 아니다
- **below par** 건강이 좋지 않은, 기대 이하의
- **bend over backwards** 열심히 노력하다
- **beneath one's dignity** 체면이 손상되다
- **bent on** ~에 열중하여, ~를 결심한
- **bite off more than one can chew** 분에 넘치는 일을 하다
- **bite one's nails** 불안해하거나 긴장하다
- **bite the bullet** 악전고투하다, 이를 악물고 참다
- **black out** (일시적으로) 의식을 잃다
- **blast off** 발사되다

- **block off** 폐쇄하다, 막다
- **blow one's own trumpet** 자화자찬하다
- **blow the whistle** 밀고하다, 폭로하다
- **bog down** 수렁에 빠지다, 막다른 골목에 이르다
- **boil down to** 결국 ~이다
- **bolster up** 기운을 북돋우다, 강화하다
- **botch up** 실수하여 망쳐 버리다
- **bow out** 사직하다, 물러나다
- **break a leg** 행운을 빌다
- **break down** 고장 나다, 무너지다, 결렬되다
- **break ground** 착공하다
- **break out** 발발하다
- **break the ice** 실마리를 찾다, 딱딱한 분위기를 깨다
- **break up** 헤어지다
- **bring home to** 절실히 느끼게 하다
- **bring to an end [a close / a stop]** 끝내다, 종결시키다
- **bring to light** 밝히다, 폭로하다
- **bring up** 제기하다, 키우다
- **brush off** 털어 버리다, 거절하다, 퇴짜 놓다
- **buckle down to** 전념하다, 집중하다
- **bump into** 우연히 만나다
- **burn the midnight oil** 밤늦게까지 일하다 [공부하다]
- **bury the hatchet** 화해하다, 싸움을 그만두다

- by chance 우연히, 뜻밖에
- by choice 스스로 택하여
- by the skin of one's teeth 간신히, 가까스로
- by word of mouth 구두로, 입소문으로

- call it quits 끝내다, 은퇴하다, 사임하다
- call off 취소하다, 중지하다
- can't make heads or tails of 뭐가 뭔지 알 수가 없다
- cannot see the wood for the trees 나무만 보고 숲을 보지 못하다
- carrot and stick 당근과 채찍, 회유와 위협
- carry out 수행하다, 성취하다
- cash in on ~을 이용하다
- catch on 인기를 얻다, 유행하다
- catch up with 따라잡다, 만회하다
- chase a rainbow 불가능한 것을 추구하다
- chill one's spine 등골을 오싹하게 하다
- chip in 기부하다
- chip on one's shoulder 시비조, 걸핏하면 싸우려 드는 성질
- churn out 대량생산하다
- close at hand 가까이에
- close call [shave] 위기일발, 구사일생
- close down 폐쇄하다, 중지하다, 휴업하다
- close in on ~에게 좁혀들다
- comb through 샅샅이 뒤지다
- come down with 병에 걸리다
- come up with 생각해 내다
- common ground 공통 기반, 견해의 일치점

- consist of(= be composed of) ~으로 구성되다
- cook up 날조하다, 조작하다
- cope with 대처하다, 극복하다
- count on 의지하다, 기대하다, 믿다
- crack down on 단속하다, 단호한 조치를 취하다
- cross one's mind 생각이 떠오르다
- cut back 삭감하다, 줄이다
- cut corners 돈을 절약하다
- cut down 줄이다
- cut out for ~에 적격인, ~에 적합한

- date back to ~로 거슬러 올라가다
- dawn on (생각이) 떠오르다
- do good 이롭게 하다
- doze off 꾸벅꾸벅 졸다
- drag one's feet [heels] 일부러 꾸물거리다, 늑장 부리다
- drive home to ~를 납득시키다, 통감하게 하다
- drop in the bucket [ocean] 새 발의 피
- dwell on 곰곰이 생각하다

- end up 결국 ~이 되다

- face to face 얼굴을 마주보고
- fall back on ~에 의지하다
- fall behind 뒤떨어지다, 기일에 늦다
- fall through 그르치다, 수포로 돌아가다

- fight off 격퇴하다, 퇴치하다
- figure out 이해하다
- for the record 공식적으로
- for the sake of ~를 위해서
- for the time being 당분간

- give someone a lift 누구를 태워주다
- go broke 파산하다
- go downhill 쇠퇴하다
- go extra miles 전력을 다하다

- hang in (there) 버티다, 곤란을 견디다
- hang on 견디다, 버티다
- have ~ in common 공통점을 가지고 있다
- have a good command of ~를 잘 구사하다
- have a hand in ~에 관여하다
- have a say 발언권이 있다
- have access to ~에 접근 [사용]할 수 있다
- head for ~로 향하다
- hinge on ~에 따라 결정되다
- hit it off 사이좋게 지내다
- hit the books 열심히 공부하다
- hold good 유효하다, 지속하다
- hold true 진리이다
- hunt down 추적하다

- in a sense 어떤 의미에서
- in large numbers 대규모로, 대거, 큰 숫자로

- in one way or another 어떻게든
- in terms of ~의 관점에서
- in that ~라는 점에서
- in the face of ~에도 불구하고, ~에 직면하여
- in the first place 애초에
- in the interest of ~를 위하여
- in the long run 장기적인 안목으로
- in the wake of ~의 결과로써, ~의 바로 뒤에
- in the works 진행 중인, 준비 중인
- into something ~에 열중하여
- iron out 원활하게 해결하다, 이견을 해소하다
- It was a blast. 정말 즐거웠다.

- jump the gun 서두르다

- keep an eye on ~에서 눈을 떼지 않다

- last but not least 마지막으로 말하지만, 결코 무시하지 못할
- lay [put / place] the blame on ~에게 책임을 지우다
- let alone ~는 말할 것도 없고
- let down 실망시키다, 낙담시키다
- let up 수그러들다, 그치다, 가라앉다
- lie in ~에 있다
- live up to 기대에 부응하다, ~에 따라 행동하다
- look after ~를 돌보다
- look up to ~를 우러러보다, 존경하다

- make a point of ~를 주장(강조)하다
- make ends meet 간신히 연명하다

- not to mention ~는 말할 것도 없고

- off the record 비공개의, 비밀의
- on account of ~ 때문에
- on behalf of ~를 대신하여, ~를 대표하여
- on pins and needles 불안하여, 흥분되어, 마음을 졸이는
- on the blink 고장이 난, 못 쓰게 되어
- on the contrary 반하여, 도리어
- on the ground that [of] ~의 이유로, ~를 구실로
- on the verge of 직면하여, 바야흐로 ~하려고 하여
- on the whole 전체로 보아서, 대체로
- on top of ~ 위에, 게다가, 더하여
- once and for all 마지막으로 한번만 더
- one and only 유일무이한
- one's cup of tea 바로 ~가 좋아하는 것
- out of sorts 몸 상태가 안 좋은, 기분이 안 좋은
- out of the blue 느닷없이, 뜻밖에
- out of the question 문제가 되지 않는, 전혀 불가능한, 생각할 수 없는
- out on a limb 위태로운 처지에, 곤경에 처한
- owe A to B A는 B의 덕분이다
- own up to ~의 죄를 인정하다, 고백하다

- pass away 사망하다
- pass out 의식을 잃다
- pass the buck 책임을 전가하다
- pave the way to [for] ~를 용이하게 하다
- pay a tribute to ~에게 찬사 [경의]를 보내다
- pick up 정돈하다, 치우다, 익히다, 데려다 주다
- pit against 경쟁시키다
- play a part 역할을 하다
- play truant 학교를 땡땡이치다
- point out 지적하다
- put ~ into practice ~를 실행하다
- put an end to 종식시키다
- put off 연기하다
- put oneself in someone's shoes 다른 사람의 입장에서 보다
- put up with ~를 참다, 견디다
- put [set] one's house in order (신변을) 정리하다, 행실을 바로잡다

- rally around 집결하다, 단결하다
- reflect on 곰곰이 생각하다, 반성하다
- resort to (수단 등에) 호소하다
- result in ~로 끝나다
- ring a bell 생각나게 하다
- rip off 사취하다, 바가지 씌우다
- roll out the red carpet 정중히 맞이하다
- root out 뿌리째 뽑다
- rule out 배제하다
- run across [into] 우연히 만나다
- run in the blood [family] 혈통을 물려받다
- run out of ~를 다 써 버리다, 바닥이 나다

- saved by the bell 공이 살려준
- scale down 줄이다
- second to none 어느 누구에게도 뒤지지 않는
- sell out 다 팔아치우다, 배신하다
- set a precedent 전례를 만들다
- set up 준비하다, 설립하다, 조작하다
- settle down 정주하다, 정착하다
- shed light on 밝히다
- sleep in 늦잠 자다
- sleep off 잠을 자서 낫게 하다, 잠으로 씻어 버리다
- sleep on ~를 하룻밤 자면서 생각하다
- slip one's mind 깜박 잊다
- speak for yourself 나는 그렇지 않다
- spick-and-span 깨끗한, 말쑥한
- spill the beans 비밀을 폭로하다, 비밀을 누설하다
- stamp out 근절시키다, 박멸하다
- stand up for ~를 옹호하다, 변호하다
- stand up to ~에 용감히 맞서다
- stick to 고수하다
- swear in 선서하고 취임하다

- take a toll 피해가 나타나다
- take into account 고려하다, 감안하다
- take on 떠맡다
- take stock 자세히 조사하다
- throw up 토하다
- tighten one's belt 허리띠를 조르다
- to sum up 요약하면
- turn over a new leaf 마음을 고치다, 새 생활을 시작하다
- turn to ~에 의지하다, 호소하다
- turn up 나타나다
- under the weather 기분이 언짢아, 몸 상태가 안 좋아
- up in the air 미정의
- usher in ~의 도래를 알리다
- vote on ~에 대해서 표결하다
- wager on ~에 돈을 걸다
- walk tall 뻐기며 걷다
- watch out 조심하다, 주의하다

미국 아나운서 발음규칙 52가지

발음 규칙 01 슈와(schwa)현상

모음에 강세가 없을 경우 본래의 발음이 [어] 또는 [으]로 약하게 발음되는 현상

※ 별색은 미국 아나운서 발음입니다.

- c<u>a</u>reer 캐리어 → 커리어
- mod<u>e</u>l 모델 → 마를
- <u>a</u>cad<u>e</u>my 아카데미 → 어캐르미
- sol<u>i</u>d 쏠리드 → 쌀러(드)
- l<u>e</u>git<u>i</u>mate 레지티메이트 → 러지러밑 (합법적인)

발음 규칙 02 R약화(탈락)현상

단어 중간에 있는 ra, re, ri, ro, ru에 강세가 없을 경우 r 발음이 안 나거나 약화되는 현상

- fo<u>re</u>ign 포린 → ㅍ+호안
- tempe<u>ra</u>ture 템프리처 → 탬프처
- fo<u>re</u>igner 포린어 → ㅍ+호안어
- sec<u>re</u>tary 쎄크러터리 → 쌔크터리 (비서)
- t<u>ra</u>dition 트래디션 → 추디션

발음 규칙 03 동화현상

같은 발음이나 유사발음이 만나면 어느 한 쪽으로 동화되는 현상

- Let's sing. 렛스 씽 → 랫 씽
- Is she busy? 이즈 쉬 비지? → 이:쉬 비지?
- since Sunday 씬스 썬데이 → 씬 썬데이
- Enjoy it. 인조이 잇 → 인조잇
- Give me a coke. 기브 미 어 코욱 → 김미 어 코욱

발음 규칙 04 연음현상

두 단어, 세 단어, 네 단어가 서로 만나 자음과 모음이 연결되게 되면 마치 한 단어를 읽어 버리듯이 연음시켜 발음하는 현상

- What is it? 왓 이즈 잇 → 와리짓 (그게 뭐야?)
- Give it a try. 기브 잇 어 트라이 → 기브러 추라이 (한번 해 보세요.)
- Take it out. 테이크 잇 아웃 → 테이키라웃 (꺼내 주세요.)
- Wrap it up. 뢉 잇 엎 → 뢉피랖 (싸주세요.)

발음 규칙 05 유화현상

〈모음 + nt, rt, rd, t, d + 모음〉에서 격음인 t나 d을 피해 부드러운 발음인 n, r로 발음되는 현상

① 모음 + nt + 모음

- county 카운티 → 카우니
- center 센터 → 쌔너
- quantity 콴티티 → 콰너디
- Pentagon 펜타곤 → 패너간
- representative 레프리젠터티브 → 뢰프리재너리(브)

② 모음 + rt + 모음

- article 아티클 → 아(어)리클 (기사, 물건)
- party 파티 → 파리
- supporter 써포터 → 써포러
- thirty 써티 → 써리
- reporter 리포터 → 리포러

③ 모음 + rd + 모음

- **bo<u>ar</u>ding** 보딩 → 보(어)링 (탑승)
- **b<u>or</u>der** 보더 → 보(어)러 (국경)
- **m<u>ur</u>der** 머더 → 머러
- **ve<u>rd</u>ict** 버딕트 → 붜릭 (평결)
- **<u>or</u>der** 오더 → 오러

④ 모음 + t/d + 모음

- **be<u>tt</u>er** 베터 → 배러
- **Sa<u>t</u>urday** 쌔터데이 → 쌔러데이
- **sa<u>t</u>ellite** 쌔틀라이트 → 쌔를라잇 (위성)
- **ma<u>tt</u>er** 매터 → 매러
- **i<u>t</u>em** 아이템 → 아이름
- **au<u>d</u>io** 오디오 → 어리오
- **me<u>d</u>icine** 메디씬 → 매리쓴

발음 규칙 06   모음에 강세가 들어갈 때

① a에 강세가 들어가는 경우

- **márathon** 마라톤 → 매러싼
- **acádemy** 아카데미 → 어캐르미
- **báttery** 바테리 → 배러리

② e에 강세가 들어가는 경우

- **béggar** 베거 → 배거 (거지)
- **énd** 엔드 → 앤(드)
- **lével** 레벨 → (을)래블

③ i에 강세가 들어가는 경우   ④ o에 강세가 들어가는 경우

- gorílla 고릴라 → 거랠라
- shít 쉬트 → 쉐 (똥, 젠장)
- península 페닌술라 → 퍼낸술라 (반도)

- lóbby 로비 → (을)라비
- óperate 오퍼레이트 → 아퍼레잇
- vólume 볼륨 → 봐룸

발음 규칙 07   끝자음의 묵음화(또는 약화) 현상

자음 t, k, p, d, f, b, v, g, gh 등이 단어의 끝에 올 때 끝자음의 발음이 죽어 버리거나 받침으로 들어가거나, 아주 약하게 발음되는 현상

- tent 텐트 → 탠(트)
- milk 밀크 → 미얼(크)
- send 쎈드 → 쌘(드)
- help 헬프 → 해얼(프)
- sob 쏘브 → 쌉

발음 규칙 08   to부정사의 발음

to부정사의 발음은 변화무쌍하다. [투, 루, 두, 너, 터, 더] 등으로 발음되는데 앞 단어가 어떤 철자로 끝났느냐에 따라 다르게 발음되며, 어떨 때(CNN 뉴스처럼 빠르게 읽을 때)는 아예 안 들리기도 한다.

- Go to bed. [고우 로 벳] 자러 가!
- Nice to see you. [나이스 토 씨 유] 만나서 반가워.
- I want to marry you. [아이 워너 매리 유] 너하고 결혼하고 싶어.

발음 규칙 09 　l이 단어의 앞에 나올 때

소리 안 나게 /(을)/ 발음을 내려는 입 모양을 취하고 있다가 본래의 발음을 내면 된다.

- light [(을)라잇] 불빛
- learn [(을)런] 배우다
- liver [(을)리붜] 간
- lake [(을)레익] 호수
- love [(을)러(브)] 사랑하다

발음 규칙 10 　r이 단어의 앞에 나올 때

소리 안 나게 /(우)/자 발음을 내려는 입 모양을 동그랗게 취하고 있다가 혀를 혀의 뒤쪽에서 혀가 입속 어디에도 닿지 않으려고 노력하면서 발음을 내면 된다.

- run [(우)뤈] 뛰다
- rain [(우)뤠인] 비
- rake [(우)뤠익] 갈퀴
- river [(우)뤼붜] 강
- risk [뤼스(크)] 위험

발음 규칙 11 　l과 r이 단어의 중간에 왔을 때 발음 차이

- play [플레이] / pray [프뤠이]
- collect [컬랙(트)] / correct [커렉(트)] 또는 [코(어)렉(트)]
- alive [얼라이(브)] / arrive [어롸이(브)]

▶ 단어의 중간에 오는 l은 [ㄹ]이 두 번 발음되고, 단어의 중간에 오는 r은 [ㄹ]이 한 번 들어간다.

발음 규칙 12   ttle, ddle, dle로 끝나는 발음

t와 d를 유화시켜 [r]로 발음한다.

- little [리를], [리들] 조금
- settle [쎄를] 해결하다
- shuttle [샤를] 왕복
- middle [미를] 중간

발음 규칙 13   ntly, tely로 끝나는 발음에 주의하자

t 발음을 안 내거나 받침으로 넣어 아래와 같이 발음한다.

- fluently [ㅍ+흘루언리] 유창하게
- apparently [어패런리] 명백하게
- immediately [이미디엇리] 즉각
- absolutely [앱썰룻리] 절대적으로

발음 규칙 14   eft, ift, aft, oft 등으로 끝나는 발음

f와 t 발음이 거의 들리지 않는다.

- theft [쎄(ㅍ+ㅎ)(ㅌ)] 절도
- lift [리(ㅍ+ㅎ)(ㅌ)] 들어 올리다
- left [래(ㅍ+ㅎ)(ㅌ)] 왼쪽

발음 규칙 15   eel, eal, ill, il 등으로 끝나는 발음

L 앞에서 아주 약하게 [(어)] 발음을 넣어 발음한다.

- feel [ㅍ+휘얼] 느끼다
- meal [미얼] 식사
- kill [키얼] 죽이다
- ill [이얼] 아픈
- reveal [뤼뷔얼] 노출시키다

발음 규칙 16   ide, ade, ode, ude로 끝나는 발음

끝에 위치한 e는 묵음이고 e 앞에 있는 d 역시 거의 들리지 않는다.

- hide [하이(드)] 숨다
- ride [라이(드)] 타다
- made [메이(드)] make의 과거, 과거분사

발음 규칙 17   tive로 끝나는 발음들은 [립] 또는 [리(브)] 정도로 부드럽게 발음한다

- positive [파저리(브)] 확신하는, 긍정적인
- negative [내거리(브)] 부정적인
- sensitive [쌘써리(브)] 민감한

발음 규칙 18 adm이나 adv로 시작되는 단어들도 발음에 주의해야 한다

adm과 adv의 가운데에 위치한 d의 발음이 안 나거나 받침으로 들어가듯이 발음된다.

- a<u>dm</u>it [어(드)밑, 또는 엄밑] 인정하다, 시인하다
- a<u>dv</u>ocate [애(드)붜킷, 앳붜킷] 변호사, 옹호자

발음 규칙 19 st, sp, sk는 발음할 때 약간 된소리가 난다

- <u>st</u>op [스땁] 멈추다
- <u>st</u>art [스따(트)] 출발하다
- <u>sp</u>eech [스삐취] 연설

발음 규칙 20 문장 중간에 낀 자음 h는 발음이 거의 들리지 않는다

- shot <u>h</u>er [샤러] 그녀를 쏘았다
- kill <u>h</u>im [킬름] 없애버려
- ask <u>h</u>im [애스킴] 걔한테 물어봐

발음 규칙 21 이중모음은 단모음처럼 들린다

- m<u>ayo</u>r [메어] 시장
- v<u>o</u>ted [보릿] 투표했다
- h<u>o</u>me [홈] 집

발음 규칙 22 원어민들은 of의 f(브) 발음을 거의 하지 않는다

- sort of [쏘러(브)] 좀, 약간
- one of those [완어(브)도우즈] 그들 중 하나

발음 규칙 23 tr은 [ㅊ]로, dr은 [ㄷ] 또는 [ㅈ]으로 발음한다

- trend [추랜(드)] 경향, 추세
- true [츠루] 진실의, 사실의
- drive [드라이(브), 쥬라이(브)] 운전하다

발음 규칙 24 quit, quick, quality 등과 같은 발음에 유의해야 한다

- quit [쿠잇] 그만두다 * [쿠잇]을 빨리 발음하는 기분으로
- quick [쿠익] 빠른, 빨리 * [쿠익]을 빨리 발음하는 기분으로
- quality [쿠알러디] 품질

발음 규칙 25 〈조동사 + 조동사 + 과거분사〉 형태의 발음들은 그냥 통째로 외우는 것이 좋다

- **would have been** 우르빈 → 우래빈
- **might have been** 마이트 해브 빈 → 마이르빈/마이러빈/마잇해빈
- **should have done** 쉬드 해브 단 → 슈르단
- **could have died** 쿠드 해브 다이드 → 쿠르다이(드)

발음 규칙 26 자음이 몰려 있을 때

단어의 가운데에 자음 세 개가 몰려 있을 때에는 가운데에 위치한 자음은 거의 발음되지 않거나 아주 약하게 발음된다.

- **han**d**bag** 핸드백 → 핸백
- **tem**p**t** 템프트 → 탬(프)(트)
- **en**d**less** 엔들리스 → 앤리스

발음 규칙 27 미국인들은 l 발음을 힘들어 하는 경향이 있다

- **platoon** 플라툰 → 퍼툰
- **Cleveland** 클리브랜드 → 클리븐(드)
- **declaration** 데클러레이션 → 대커레이션

발음 규칙 28 끝에 오는 th는 거의 안 들리게 발음하거나 받침으로 넣듯이 발음한다

- math [매(쓰)] 수학
- tooth [투(쓰)] 치아
- youth [유(쓰)] 젊음

발음 규칙 29 and의 발음은 여러 가지(앤, 언, 은, ㄴ)다

- Ladies and gentlemen [레이리스 앤 재늘먼] 신사 숙녀 여러분
- law and order [로언오러] 법과 질서
- bread and butter [브래른버러] 생계
- S&L Saving & Loan [애쓴앨] 저축대부은행

발음 규칙 30 고유명사 발음들은 그때그때 외워 두자

- Brazil 브라질 → 버지얼
- Salt Lake 솔트 레이크 → 쏘얼 레익/쏘을 레익
- Berlin 베를린 → 벌린
- Moscow 모스크바 → 마스코
- Nevada 네바다 → 너봐라/너봬라

발음 규칙 31 축약형들은 정확하게 못 알아들어도 괜찮다

예를 들어 아래와 같은 축약형들은 필자와 같은 영어청취/발음전문가들도 헤맬 때가 있다.

- she'll
- he'll
- they'll
- it'll
- you'd
- she'd
- there're 등

발음 규칙 32 f 발음은 우리말로 표기하자면 [ㅍ]와 [ㅎ]의 중간 정도의 발음이다

- fan 팬 → ㅍ+핸
- fashion 패션 → ㅍ+홰션
- file 파일 → ㅍ+화일
- fast 패스트 → ㅍ+홰스(트)
- first 퍼스트 → ㅍ+훠스(트)

▶ ph의 발음도 f 발음과 똑같다.

발음 규칙 33 men과 man의 발음 구분은?

- men [맨] 남자들 * [맨]을 짧게 발음한다.
- man [매앤] 남자, 인간 * [맨]을 약간 길게 발음한다.

▶ ten과 tan, bend와 band, bet과 bat도 같은 식으로 구분한다.

발음 규칙 34   v는 위아래 입술이 닿지 않도록 노력하면서 [ㅂ] 발음을 낸다

- vest [붸스(트)] 조끼
- vomit [봐멋, 봐밑] 토하다
- vanish [붸니쉬] 사라지다

발음 규칙 35   비음을 조심하자

우리나라 사람들이 가장 발음하기 힘들어 하는 것 중 하나로서 특히 연습을 많이 해야 하는 발음이다.

- patent 페이턴트 → 팻은
- certain 써튼 → 섯은
- Manhattan 맨하탄 → 맨햇은

▶ patent을 발음할 때는 [팻] 발음을 빨리 세게 끊었다가 [은] 발음을 낸다.

발음 규칙 36   walk과 work 발음의 구분

문장 속에서 이 두 단어의 발음을 구분하기는 매우 어려우므로 문맥으로 구분해야 한다. 낱개 발음 시의 차이를 설명하자면, walk(걷다)는 목에서 발음을 내는 기분으로 [웍]을 발음하고 work(일하다)의 경우는 양 뺨에서 발음을 내는 기분으로 [웍]을 발음한다.

발음 규칙 37   can과 can't의 발음의 구별

긍정의 can은 주어를 상대적으로 좀 세게 발음하고 조동사 can [캔]의 발음을 좀 짧게 빨리 지나가게 한다. 부정의 can't은 주어를 상대적으로 좀 약하게 발음하면서 can't을 [캐앤]처럼 좀 세고 길게 발음한다.

I can do it. [아이 캔 두 잇]을 발음할 때, 주어 [아이]를 좀 세게 발음한다. I can't do it. [아이 캐앤 두 잇]을 발음할 때, 주어 I를 좀 약하게 발음하면서 can't를 약간 세고, 길게 발음한다. 이게 헷갈릴 경우 I can do it은 [아이 컨 두 잇]으로 발음하는 식으로 아예 can을 [컨]으로 발음하면 원어민들이 금방 알아듣는다.

발음 규칙 38 강세의 위치에 주의하자

영어는 음절이 두 개 이상 들어갈 때 항상 약간씩 강세가 들어간다. career(경력, 생애, 출세)는 강세가 뒤에 있다. 따라서 [커리어]로 발음해야 하는데, 강세를 앞에 두고 [캐리어]로 발음한다면 아마 미국인들은 배나 항공기, 항공모함, (병균의) 보균자를 의미하는 carrier로 알아들을 것이다.

발음 규칙 39 전치사, 접속사, 관사, 조동사 등에 주의하자

영어를 청취할 때, 발음이 거의 안 들리는 것들은, 다 위에 언급한 기능어들이다. in, at, of, with, from, for, while, as, if, that, the, a, an, would, will 등의 기능어는 미국인들이나 미국에 오랫동안 산 교포들 말고는 단번에 귀에 꽂히지 않는다. 이러한 기능어들을 잘 듣기 위해서는 빠른 문장들을 되도록 많이 받아쓰기하고, 스크립트를 확인해 보고, 왜 못 받아 적었는지 분석해 보고, 토픽이나 문장들을 수십 회 이상 반복 청취해 보는 수밖에 없다.

발음 규칙 40 st, tss와 같은 발음들은 맨 끝에 있는 s[스]만 소리 난다

- be<u>st</u> service 베스트 써비스 → 배:써비스
- be<u>st</u> seller 베스트 셀러 → 배:쌜러
- la<u>st</u> semester 라스트 세메스터 → 래:써매스터
- la<u>st</u> spring 라스트 스프링 → 래:스프링
- repor<u>ts</u> say 리포트스 쎄이 → 리폿쎄이

발음 규칙 41   조동사 역할을 하는 ought to의 발음

상당수의 미국인들이 [오투]라고 하지 않고 [오러]라고 발음한다. 자기들끼리 얘기할 때 특히 그렇다.

발음 규칙 42   발음기호에 나와 있는 [z] 발음

우리말에 없는 이 발음을 거의 똑같이 발음하긴 위해서는 평소에 '즈즈즈즈즈……' 발음을 많이 연습하는 것이 좋다. '즈즈즈즈즈……' 발음을 내려는 자세로 입 모양을 취하다가 zero(영) [지로우] zoo(동물원) [주] 등을 발음해 보는 연습을 한다.

발음 규칙 43   [th(θ)] 발음

some<u>th</u>ing, <u>th</u>ink, au<u>th</u>or, A<u>th</u>ens, <u>th</u>eme, <u>th</u>eater, <u>th</u>ree 같은 단어들을 말하려면 [th(θ)] 발음을 내야 하는데 이 발음은 한국인에게 꽤 어려운 발음이다. 필자의 본업이 author(저자)라 미국인들한테 소개할 때 이 발음을 해야 하는데 필자는 이 발음을 하기가 싫어 동의어인 writer(작가)를 써서 소개하곤 한다.

요령이 있다. th 발음을 할 때, 위아래 치아 사이에 혀가 잠시 걸친 상태에서 발음을 해야 한다. th 소리가 들어 있는 단어들이 녹음되어 있는 테이프를 듣고 흉내 내 보거나 거울을 가져다 두고 th 발음을 내면서 자신의 혀가 위아래 치아 사이에 걸쳐지는지 직접 확인해 보는 것이 좋다.

발음 규칙 44   mother, this, though의 [th(ð)] 발음

mo<u>th</u>er, <u>th</u>is, <u>th</u>ough 등에서 보이는 th(ð)의 발음은 43번의 th와는 다른 발음기호다. [ㄷ] 발음이 나긴 나는데 [ㄷ] 발음을 약하게 내야 한다. dark(어두운), dawn(새벽), doctor(의사)의 d 발음은 mother의 th의 [ㄷ] 발음과는 달리 강한 [ㄷ] 발음이다.

발음 규칙 45 겹자음은 한 번만 발음하자

□ **runner** 런너 → 뤄너   □ **grammar** 그램마 → 그래머

□ **comma** 콤마 → 카머/카마

▶ 자음이 두 개 나오면 하나만 발음하면 된다.

발음 규칙 46 첫 모음에 강세가 없을 때 당하지 말자

예를 들어 (a)ttacks, (a)ttorney, (a)ssault, (e)merge와 같은 단어들의 경우 첫 모음이 약하게 들려, '공격'이 tax(세금), '변호사'가 Tony라는 이름, '공격하다'가 salt(소금), '나타나다'가 merge(합병하다)처럼 들릴 수 있으니 유의해야 한다.

발음 규칙 47 good의 발음

Good Morning, Sounds good, good quality 등에서 보듯 자주 쓰이는 쉬운 단어다. 그런데 이 발음을 우리나라 사람들은 거의 다 [굳]으로 발음한다. 이번 기회에 확실히 알고 넘어가자. good은 [굳]과 [귿]의 중간 정도로 발음한다.

발음 규칙 48 끝에 오는 sh의 발음

fish(물고기), polish(윤내다), crash(추락하다), cash(현찰) 등과 같이 영어에는 sh로 끝나는 단어들이 많다. 흔히들 fish [ㅍ+휘쉬], polish [팔러쉬], crash [크래쉬], cash [캐쉬]로 발음하면 큰 문제는 없지만 끝에 오는 [쉬] 발음은 최대한 짧게 내는 것이 좋다.

발음 규칙 49 woman(여자)과 women(여자들) 발음 구별

woman(여자)은 [우먼]으로 발음하고, women(여자들)은 [위먼]으로 발음하여 앞 발음을 다르게 발음해야 한다.

발음 규칙 50 massage, usual와 같은 단어들의 발음

영한사전의 발음기호가 (ʒ)라고 표시되어 있는 발음들은 우리말의 [쥬]에 가깝게 발음을 해야 한다. massage는 [머사ː쥬], usual은 [유쥬얼]로 읽는다.

발음 규칙 51 단어의 끝에 오는 ch, dge의 발음

church(교회), judge(판사)와 같은 단어를 읽을 때는 [취]나 [쥐] 발음을 내면서 끝내면 되는데 [취]나 [쥐] 발음을 낼 때 입술을 동그랗게 앞쪽으로 오므려 발음한다.

발음 규칙 52 or의 발음

접속사 or를 [오어]나 [오아]로 발음하는 걸로만 알고 있으면 쉽게 알아듣지 못한다. or는 세 가지로 발음되는데 위의 두 가지 말고 [어]로 발음할 때가 많다.

> □ ten **or** twenty [태너 투어니, 태너 투애니] 열에서 스물
>
> □ sell **or** buy [쌜러 바이] 팔 거야, 살 거야

위와 같이 발음할 경우 ten or는 tenor(테너가수)로 들리고, sell or는 seller(파는 사람)로 들려서 헷갈리기 쉬우므로 유의해야 한다. or는 이같이 [어]로 발음되거나 [오어], [오]로 세 가지로 발음될 수 있는데 sooner or later(조만간)와 같이 앞 단어가 [어]로 발음이 끝나면 앞 발음에 동화되어 아예 or 발음이 안 들리기도 한다.

*** 이상이 52개 CNN 앵커발음방식이다.
영국식 발음과 비교해 보면 많은 도움이 될 것이다. ***

TOP 50 Greatest Speeches in America

미국을 뒤흔든 감동의 순간을 영어로 만나다

미국 역사상 가장 위대했던 명연설문 50개를 선정하여 번역과 해설, 어휘를 정리한 책입니다. 현장 육성음 mp3파일을 들으면서 영문을 함께 읽어나가면 수준 높은 명문을 감상할 수 있을 뿐 아니라 영어 실력도 동시에 향상시킬 수 있습니다.

TOP 30 Greatest Speeches of World Leaders

리더들의 명연설문 베스트 ★ 30

세계를 뒤흔든 감동의 순간을 영어로 만나다

역사상 가장 위대했던 리더들의 명연설문 30개를 선정하여 번역과 해설, 어휘를 정리한 책입니다. 현장 육성음이 포함된 mp3파일을 들으면서 영문을 함께 읽어나가면 수준 높은 명문을 감상할 수 있을 뿐 아니라 영어 실력도 동시에 향상시킬 수 있습니다.